のぼうの姫

秀吉の妻となった甲斐姫の実像

三池純正著

宮帯出版社

総覆輪黒漆塗四十八間筋兜鉢　銘「相州住(明珍)**家次」**
(神奈川県立歴史博物館蔵)

相模国で作られた兜を小田原鉢という。小田原北条氏当主とその家中で好まれた様式であり、成田氏長も同様の兜を被っていた可能性がある。なお、本品は立物・鍬形《くわがた》と𩊱《しころ》が欠けている。

忍城出土品(行田市郷土博物館蔵)

短 刀(長さ37.3センチ)

鎺《はばき》と目釘《めくぎ》が残った短刀で、柄は栗材である。

漆塗椀

本丸周辺の堀の中から、多数の木製品が出土した。黒漆の上に朱漆で様々な文様が描かれている。高台内には線刻が施され、内底にも文様が描かれている。

硯《すずり》(長さ12.5センチ)

山口県赤間産と見られる重量のある方形硯である。

まえがき

この本は『のぼうの城』(和田 竜著・小学館)のヒロイン甲斐《かい》姫、そして忍城《おしじょう》水攻めの真実についても可能な限り追いかけたものである。『のぼうの城』は、城主不在の武蔵国忍城にあって、ふだんは「でくのぼう」と呼ばれていた城代《じょうだい》の嫡男 成田長親《ながちか》が、領民とともに豊臣秀吉の水攻めに抗《あらが》って、ついに豊臣の大軍を屈服させるという痛快な物語である。そこでは、美しくも武道に秀でた甲斐姫が、次々に敵をやっつけるというスーパーヒロインとして登場する。だが実は、この甲斐姫について記した史料は皆無であり、その存在はまったくの謎に包まれている。

現在までに判明している確かな事実は、甲斐姫は豊臣秀吉の側室の一人であり、秀吉の死まで側室をつとめていたということだけである。

そして、甲斐姫については、それ以前もそれ以降も確かな記録は何も残ってはいない。そこでは、伝えられるような忍城の攻防戦での真田幸村(信繁《のぶしげ》)を相手の活躍や、会津で母の仇である浜田将監《しょうげん》兄弟を討った武勇伝などは、確かな文献からは確認のしようもない。

ただ、甲斐姫の実家である成田家は小田原合戦後一度は没落するものの、その後那須《な》烏《すからす》山《やま》において、二万石の大名として復活する。

そこには、秀吉の側室となった甲斐姫の尽力があったことは確かで、甲斐姫は成田家の歴史を語る上で重要な人物であったことは間違いない。

成田家興亡の歴史を綴《つづ》った『成田記』(九巻。一八一四)が甲斐姫について多くを記したのも、そのような事情からであったろう。

本書では、そのような謎多き甲斐姫と忍城水攻めの真実について、可能な限りの資史料を駆使して追求してみたつもりである。特に、忍城水攻めについては、これまでの通説とまったく異なり、秀吉による水攻めが未完に終わったという真実に迫ることができた。

ただ、これは、田口新吉氏が「武蔵成田氏について／成田氏長について」において、詳細に当時の史料を分析され、導かれた結論であり、本書ではそれを踏襲《とうしゅう》したことをお断りしておく。

一般的に、忍城の水攻めを行ったのは石田三成だとされてきたが、三成は秀吉の命を受けた忍城水攻めの現場執行官でしかなく、はじめから忍城の水攻めを計画し、その執行を命じたのはほかならぬ豊臣秀吉であった。

そこでは、秀吉は忍城の水攻めを北条攻めの一環として計画したのではなく、天下に自らの力を見せつけるための演出とした可能性が高い。

秀吉は城内から寄せられた助命嘆願をことごとく無視し、忍城を囲む攻城軍に対しても城を攻めることを禁止し、ひたすら水攻めの工事を急がせた。何が何でも忍城を水攻めにしたかったからである。

事実、秀吉は北条氏の本拠、小田原城が落ちた後も水攻めのための工事を続行させているが、もし、忍城が北条攻めの一環だとしたら、その時点で工事を終了させていたはずである。

三成が築いた忍城水攻めの堤防は長さ約十四キロ（総延長二十八キロ）と推定され、それまで秀吉が水攻めを行った紀州太田城の約三倍、備中高松城の約四倍もの長さを持った、水攻め史上日本最大の堤防であった。

その中に河川の水が導入されれば、空前の規模の水攻めとなることは必至であった。それゆえ、秀吉はその壮大な光景を天下に見せつけることにこだわり続けたのであった。

しかし、三成は河川の水を導入する堤防の築造には成功したものの、最後まで荒川の水を堰《せ》き止めることができず、結局、それがもとで忍城の水攻めは幻に終わったのであった。荒川は秀吉が行った備中高松城・紀州太田城水攻めのどの河川よりも水量が多かったことが推定され、その堰き止めは初めから無理があった。もし、秀吉自身が現場にいたとしても、その工事は難航したことであろう。

だが、難航の要因は、無理な水攻めを命令した秀吉にあるのではなく、現場の執行官であった石田三成にあるとされて今日まで語り継がれているのは、周知のとおりである。

しかし、責任を取らされたのは三成だけではなかった。忍城に籠もる成田氏は秀吉に助命を嘆願するも許されず、水攻めの工事が終わるまで生殺しにされ続け、水攻めが失敗に終わると、秀吉軍に反抗したとして、領地を没収され、流浪《るろう》の身とされてしまったのである。

まさに、秀吉の水攻めへの思い入れによって、成田氏は先祖以来の城と領地を失うことになったといってよい。

この没落した成田家のため、そして父氏長《うじなが》のため、秀吉の側室となって成田家の再興に力を尽したのが甲斐姫であったことは、先に述べたとおりである。

甲斐姫はなぜ秀吉の側室になったのか、そして秀吉死後はどのような運命をたどっていったのであろうか。


本書では、それを「甲斐姫伝説」として大胆に推理してみた。

この謎解きを可とするか不可とするか。

それは読者の皆様にお任せしたいと思う。

目次

母への手紙

「返すがえす私のことはご心配なさらないでください。私は一段と元気で食欲も変わっておりません。ご安心ください。私のことより、あなた様こそ、物見遊山《ゆさん》などなさって、お気を紛らわせ、さらに若返ってください。（中略）たびたびお手紙をいただいてうれしく思っています」

これは、豊臣秀吉が小田原の北条氏を攻めるために布陣していた箱根湯本より、年老いた母に送った手紙である。

このとき、秀吉五十四歳、母大政所《おおまんどころ》は七十四歳。

母は息子がどのような立場になろうとも、どんなに偉くなろうとも、小さいときからかけてきた愛情は何一つ変わることはなかった。

寒いといっては心配し、暑いといっては気を配り、何があってもいとおしみ、いつもどんなときも秀吉の味方になってくれた。そして、自分のことは何一つ構うことなく、真っ先に息子である秀吉のことを気にかけ、ここまで育ててくれたのであった。

そんな母は数年来患っていたが、このころやっと回復の兆《きざ》しを見せていた。

秀吉は小田原の陣中にあっても、母のことを常に気にかけていた。

母はようやく病癒えたばかりだというのに、小田原の秀吉に何度もその身を心配する手紙を送ってきていたのであろう。

満足に字も書けたかどうかは分からない。それでも、母は何度も何度も繰り返し繰り返し秀吉に手紙を書いてくれた。

秀吉は何よりそんな母の心遣いがうれしかった。

秀吉も関白になろうと、どんなに身分が高くなろうと、母への愛情は少しも変わることはなかった。いや、身分が高くなればなるほど、母の赤裸々な愛情は身にしみた。

秀吉にとってそんな母は、生涯かけがえのない宝であり、心の太陽であったに違いない。

「私はどこにあっても、あなた様や若君（鶴松）のことを想っています。年内には必ずそちらにうかがってお目にかかりましょう」

天正十八年（一五九〇）五月一日、秀吉は小田原の陣中から、愛する母にそんな手紙を送っていた。

しかし、秀吉は一方、その手紙の中で「小田原のことは、関東はおろか、日の本までの掟ですので、

豊臣秀吉像（高台寺蔵）

干殺《ひごろ》しに申しつける覚悟でおり、ここで年を越すつもりです」と、小田原城に籠もる北条氏を完全包囲し、殲滅《せんめつ》する覚悟を述べている。

ここには母にかける愛情とは裏腹に、権力者秀吉の顔が見え隠れしている。

「戦には敵も味方もない。そこには、すべての人に愛する母や妻、子がいる。誰が勝っても負けてもそこで人が死ねば、女子供が泣くだけだ。何でそんな簡単な理屈が世の男どもには分からないのか……」

秀吉の母も、そして戦国の世のすべての母も、心からそう思っていたに違いない。

しかしそんな母の嘆きを前に、今日も戦は続いていた……。

城主不在の忍城《おしじょう》

秀吉がそのとき攻めていたのは、小田原城だけではなかった。

秀吉は配下の武将たちに、関東各地の北条方の城をもことごとく攻めさせていた。秀吉は関東からすべての北条勢力を駆逐《くちく》すべく、総力を傾けていたのであった。

『成田記』によれば、戦場となる関東の農民、商人らは仕事にとりかかることもできずに、戦を避けるため、老人を背負い、幼児を抱いて逃げ回り、彼らの泣き叫ぶ声が巷《ちまた》に絶えることはなかったという。

ここ関東の武蔵忍城（埼玉県行田市《ぎょうだし》）でも、豊臣軍との戦に備えて城の堀を広げ、塁を高くするなどの工事が城内各所で行われていた。

そこでは、城兵は鉄砲や弓の調練に余念がなく、「ドーン」という耳をつんざくような轟音《ごうおん》が城内に響き渡り、いやが上にも緊張感は増していた。

そんな中、忍城では、来《きた》る戦に備えて城主成田氏長の妻を中心に評定《ひょうじょう》が持たれていた。

なぜ成田氏長の妻かというと、このとき、氏長には主家ともいうべき北条家から小田原城への入城の要請が来ており、城は氏長の城代として叔父の成田泰季《やすすえ》が守ることになっていたからである。

北条氏は小田原本城において強力な防戦態勢を築くため、北条一門はもとより、氏長ら配下の有力な武将を小田原城に召集していた。

だがそれは、彼らを小田原城に入れる口実であり、その実態は彼らを人質に取ることにあった。

これにより、城主を人質に取られた関東各地の城は北条氏に逆らうことができなくなり、必然的に最後まで豊臣軍と交戦しなければならなくなった。

こうして、忍城も他の城同様、城主不在のまま豊臣の大軍と戦うことになったのであった。

氏長の伝言

『成田記』によると、城主氏長は小田原に行くにあたって「北条家から援軍の要請が来た以上、それを断るわけにはいかぬ。ここ関東の地が戦場となって民を苦しめることはしのびないことであるが、されど、義を見てせざるは勇なしである。わしは（実弟）泰親《やすちか》と小田原城に立て籠もり、豊臣家の大軍を防ぐ。（叔父）泰季はわしの代わりに城を守り、敵が城に押し寄せたら臨機応変の方策をめぐらし防戦してほしい。また、家中《かちゅう》の諸士は心を一つにして、城代である泰季の命に従い、上方武士に笑われることのない戦いをせよ」と伝言したという。

成田家はここまで約三十年の間、小田原の北条氏のもとで、本拠地忍城のある現在の埼玉県行田市、熊谷《くまがや》市東部、鴻巣《こうのす》市北部、羽生《はにゅう》市西部にまたがる忍領を中心に支配し、関東武蔵で一大勢力を有する武将に成長を遂げていた。

このまま北条氏の統治が続けば、成田氏はその旗下の武将として安定した勢力を保っていたことであろう。

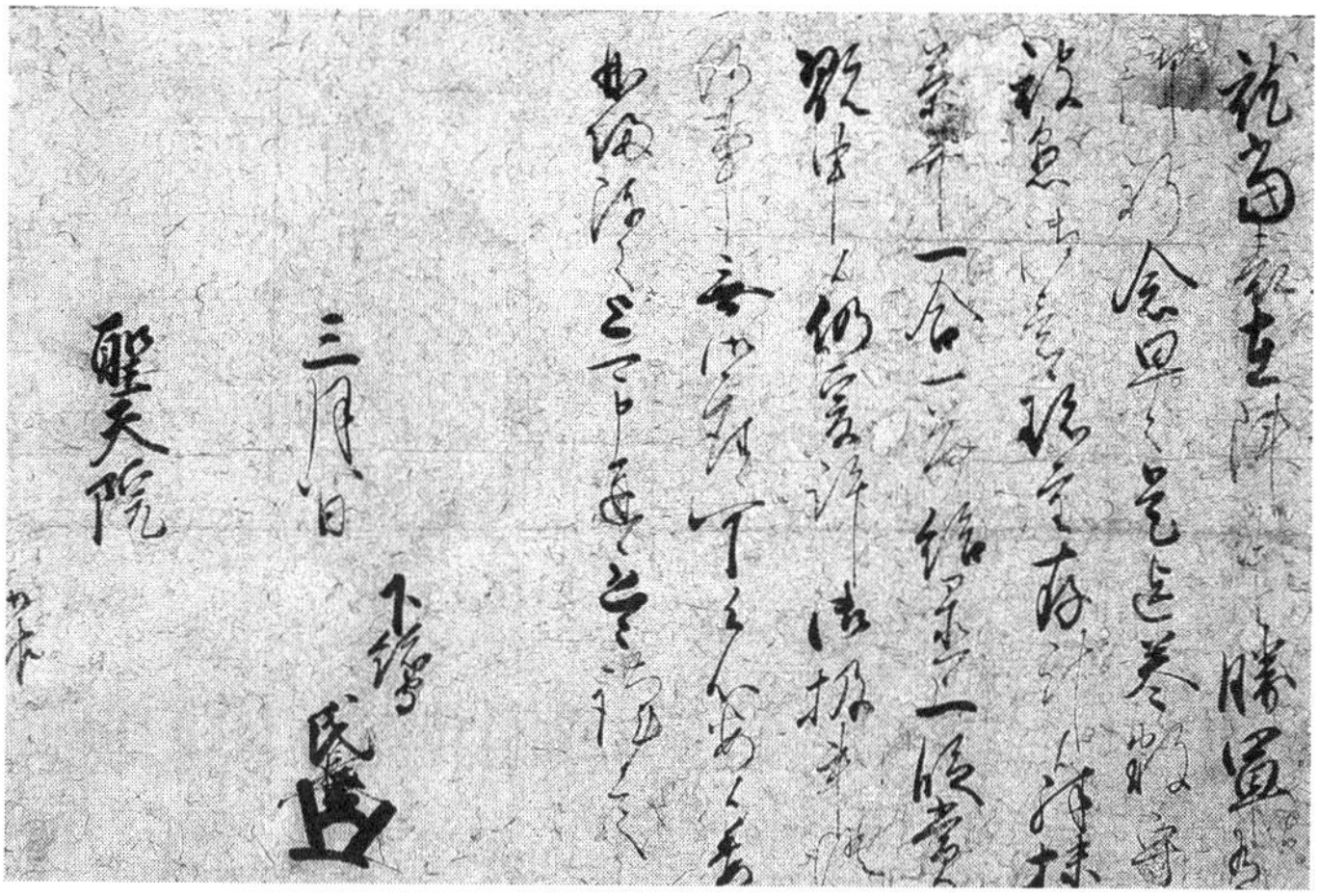

成田氏長書状（聖天院宛・神奈川県立歴史博物館蔵）

聖天院（熊谷市）に戦勝祈願を依頼し巻子を贈呈されて満足と伝えたもの。

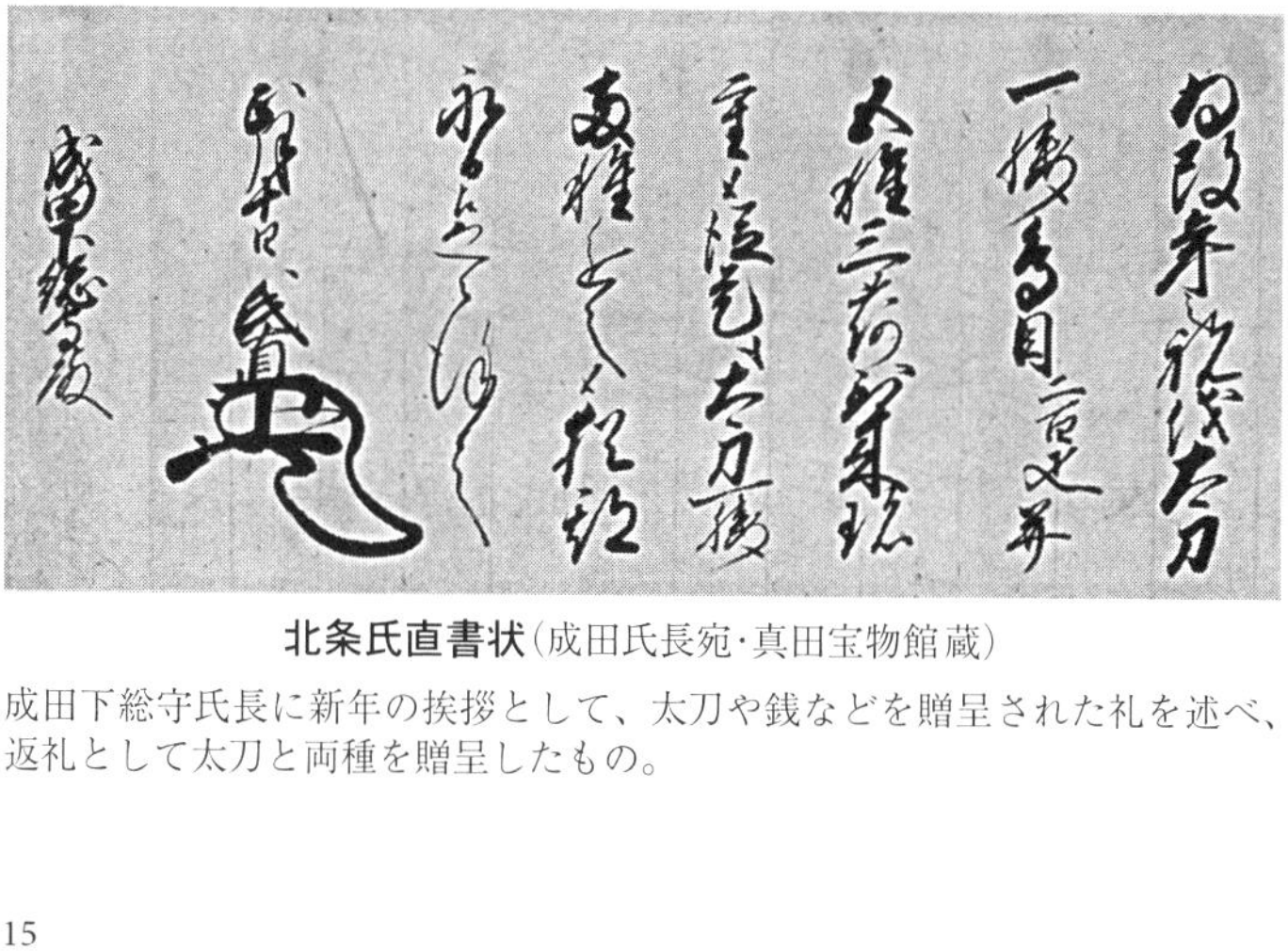

北条氏直書状（成田氏長宛・真田宝物館蔵）

成田下総守氏長に新年の挨拶として、太刀や銭などを贈呈された礼を述べ、返礼として太刀と両種を贈呈したもの。

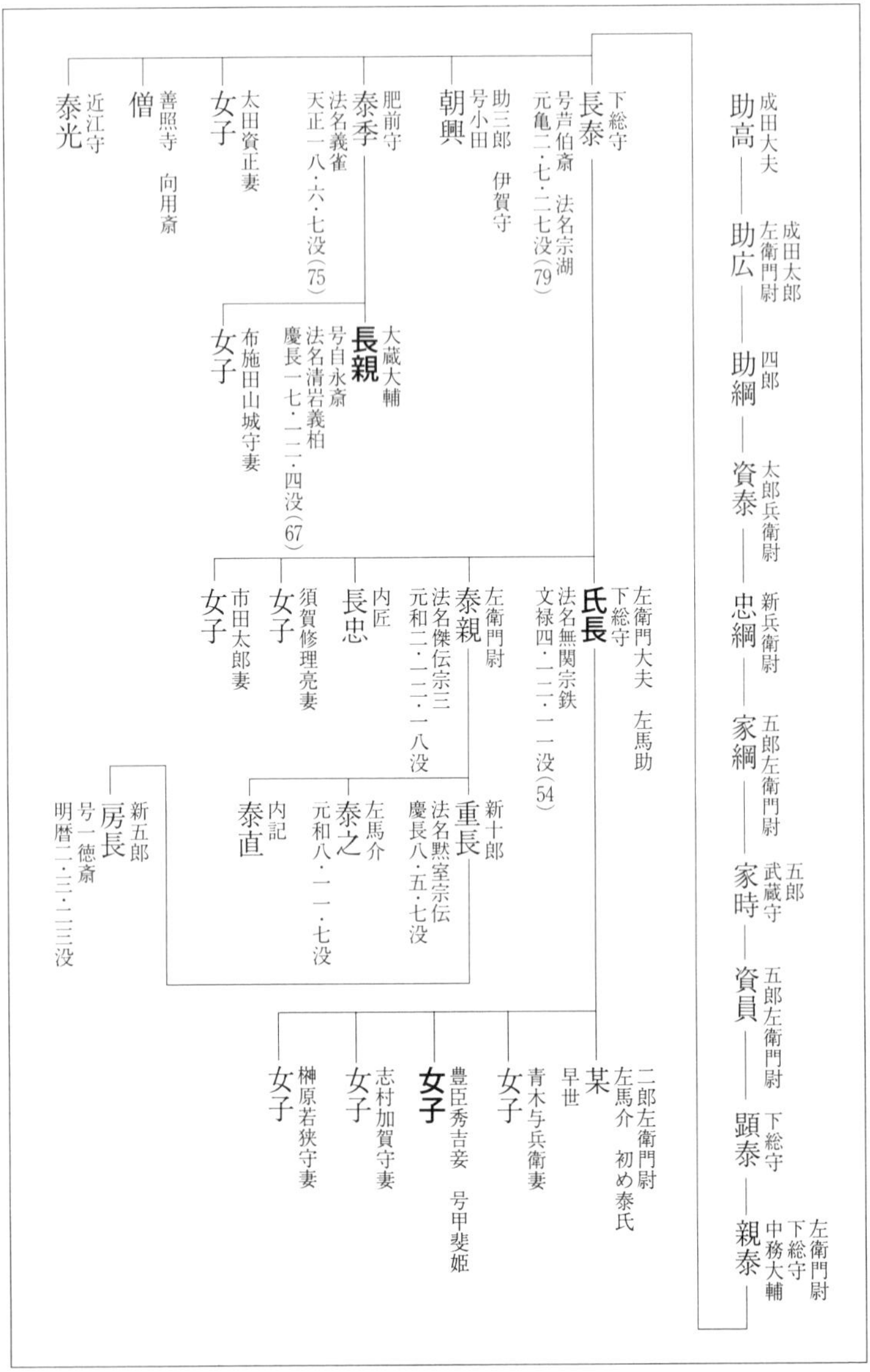

助高 成田大夫
助広 成田太郎 左衛門尉
助綱 四郎
資泰 太郎兵衛尉
忠綱 新兵衛尉
家綱 五郎左衛門尉
家時 五郎 武蔵守
資員 五郎左衛門尉
顕泰 下総守
親泰 左衛門尉 下総守 中務大輔
長泰 下総守 号芦伯斎 法名宗湖 元亀二・七・二七没（79）
朝興 助三郎 号小田 伊賀守
泰季 肥前守 法名義雀 天正一八・六・七没（75）
女子 太田資正妻
僧 善照寺 向用斎
泰光 近江守
長親 大蔵大輔 号自永斎 法名清岩義柏 慶長一七・一二・四没（67）
女子 布施田山城守妻
氏長 左衛門大夫 左馬助 下総守 法名無関宗鉄 文禄四・一二・一一没（54）
泰親 左衛門尉 法名傑伝宗三 元和二・一二・一八没
長忠 内匠
女子 須賀修理亮妻
女子 市田太郎妻
重長 新十郎 法名黙室宗伝 慶長八・五・七没
泰之 左馬介 元和八・一一・七没
泰直 内記
房長 新五郎 号一徳斎 明暦二・三・二三没
某 二郎左衛門尉 左馬介 初め泰氏
早世
女子 青木与兵衛妻
女子 豊臣秀吉妾 号甲斐姫
女子 志村加賀守妻
女子 榊原若狭守妻

成田氏 系図

忍城での評定

『成田記』によれば、氏長の妻は城代の泰季ら重臣を集め、「豊臣軍の攻撃をどう防いだらよいか、おのおの意見を言うように」促したという。

そこでは柴崎和泉《いずみ》が、「敵に使いを出して城を明け渡すと言い、敵を油断させて夜討ち朝駆けにすべき」と言った。

また、酒巻靭負尉《ゆきえのじょう》は、「敵が館林《たてばやし》から来るのは好都合である。この際、川俣の渡しに本陣を構え、利根川を前にして防ぐなら、敵は利根川を渡ることなどできない。そこで日を送り、小田原の情勢を見たらどうか」と進言した。

さらに、正木丹波は「利根川の対岸で敵を防ぐのは当然といえるが、実際のところ兵が不足している。もし、そこを支えている間に敵に背後にまわられ、城を攻められてはどうするのだ」と議論は尽きなかったという。

それをじっと聞いていた氏長の妻がやがて口を開き、「兵は一人でも多いほうがよい。この際、領内に触れを出し、農民、工匠、商人はもとより、僧侶、山伏らすべてを城内に呼び、彼らに城の防御を手伝わせてはどうか」と提案し、これに本庄越前守が賛成して、その措置を取ることになったという。

そこで、領内に「敵から乱暴されるのを嫌う輩は、城内に入って難を逃れるがよい」と触れを出したところ、農民、工匠、商人は言うに及ばず、あらゆる領民が家財道具を担いで、妻子、老人、幼児も連れて我も我もと入城したという。

また、『忍城戦記』によれば、一日のうちに近郷の村々に触れまわり、米数万石を城に運び入れ、城の守りを固めたという。

人であふれ返る城内

そのため城内では、武士は当然のことながら、農民、町人、僧侶までもが城に入り、城普請の工事にあたったり、身の周りの家財道具や戦時の食糧（兵糧米《ひょうろうまい》）の搬送にと忙しく立ち回って、城はそんな人々であふれ返った。

『関八州古戦録』によれば、忍城内では十五歳以下の子供に城の塀の裏に旗を立てさせ、城内に多くの兵が籠もっているように見せかけたり、彼らに鉦《かね》や太鼓を渡して、自分の持ち場に敵が不意に襲ってきたときには、それらを打って知らせ、他の持ち場から応援に駆けつけるよう指示していたという。

こうして、忍城では武士、領民、子供たちまで一丸となって豊臣軍と戦う態勢を取り、さらには、敵の来襲が予想されるすべての城門を死守すべく、その守口《まもりぐち》の配備が決められた。『忍城戦記』によれば、「長野口」には柴崎和泉守らの武士と足軽、農民を含め三百余人が、「佐間口」には正木丹波守らと足軽、農民、商人含めて四百三十余人が、「下忍《しもおし》口」は酒巻靭負尉らと足軽、農民、町人、六百七十余人が守るなど、八つの口を総勢二千六百人余り（十五歳以下の子供を加えると三千七百人余り）が守ることになったという。

また『成田記』によれば、城代泰季の嫡男長親は大手行田口と二の丸を守ることになったという。

女子供も戦った戦国時代

ここで注目されるのは、本来なら非戦闘員である農民や町人、商人までもが城の守りについていることである。

戦国という時代は、後の平和な時代と異なり、農民、町人、商人といっても自衛のために刀や鉄砲などの武器を携帯しており、当然、その扱いにも慣れていた。だから彼らは、いつでも有効な戦力になった。

また女子供であっても、戦では敵に石を投げるなどして戦った。

「石？　そんなものが武器になるのか？」

そう思う方がいるかもしれないが、自分の頭上からこぶし大の石がすごいスピードでびゅんびゅん飛んでくるさまを想像してほしい。

それは避けても避けてもどこからともなく飛んでくる。当たれば間違いなく怪我をするし、もし頭にでも当たれば命を失うこともある。

しかも、石は誰でも特別な訓練なしに投げることができる。これなら、女子供でも、臨時の強力な戦闘員になることができる。

元亀三年（一五七二）十二月、武田信玄と徳川家康が戦った「三方ヶ原の合戦」でも、武田軍は徳川軍に対し戦闘に際して石を投げているし、慶長十九年（一六一四）家康と豊臣秀頼との間で行われた大坂冬の陣でも、大坂城内にいた女子供は徳川軍に石を投げて戦っている。

最も初歩的な、それでいて強力な武器、それが石ころなのである。

また、『忍城戦記』によれば、籠城している少女たちも毎日三回飯を炊いて、守口を守る兵のもとに運んだという。

幼い愛らしい少女が、毎日ちょこんと運んできてくれるおにぎり。それを口にした兵士たちは、「この幼い娘たちを何としても守らねば」と思わずにはいられなかったことだろう。

浮城だった忍城

ところで、彼らが守る忍城は、すぐれた構造を持った難攻不落の城であった。

戦国時代の忍城を描いたとされる「天正年間武蔵忍城之図」を見ると、大きな沼池の中にいくつかの小島が複雑な配置で浮かび、それらの島同士が幅の狭い通路で連結されている様子が描かれている。

その小島は一つ一つが本丸、二の丸といった城の郭《くるわ》で、沼池がそのまま堀となって城をぐるりと囲み、その中に城がぽっかり浮く、いわゆる浮城であった。

『成田記』には、「外堀は水を満々とたたえ、その色あいで、高波が岸を洗い、（中略）まるで湖水のようである」とある。

忍城は江戸時代に大改修され大きく様変わりしたが、浮城の構造そのものは変わらなかった。しかし、現在、当時の城跡はそのほとんどすべてが埋め立てられて市街地となり、浮城の面影はまったくない。

だが、城の堀であった沼池の一部が今も行田市内に水城公園として残されており、これ

天正年間 武蔵忍城之図（行田市郷土博物館蔵）

現在の忍城本丸跡 御三階櫓を模した櫓（埼玉県行田市）

行田市水城公園 忍城外堀跡

忍城鳥瞰図（明治六年・行田市郷土博物館蔵）

城圖

を見れば、当時の忍城の堀がいかに巨大であったかがよく分かる。

難攻不落の忍城

この忍城を攻めるには、堀である沼池に船で入り、どこか一つの郭に取り付いて細い道を伝って他の郭に進むか、あるいは船で城の郭全体を囲むかしなければならなかった。

だが、どちらにしても、それは城内からは弓や鉄砲の格好の標的となる。

『成田記』によれば「（城の）櫓《やぐら》の上には沢山の軍兵が思い思いの物具をつけて、鉄砲の筒先を向け、弓を構え」ていたという。

また、運よくどこかの郭に取り付いても、郭と郭をつなぐ道の幅が狭いため、そこでは兵はどうしても一列縦隊になってしまい、集団での行動ができなくなる。そこを再び城内から狙い撃ちされてしまう。

『成田記』は「諸方の攻口は道を狭くして、人馬を横に並べることができず、順に進んで攻めれば、寄手の兵は尽きるとも、（城は）落ちようはずもない」と記している。

『成田記』によれば、豊臣軍の大将の一人で奉行の大谷吉継は、「たとえ数十万の軍をしても、城に兵糧、矢玉のある限りは、一年も二年も落とすことはできない。（中略）ただ遠巻きにして、夜となく昼となく奇兵をかけ、城兵を弱らせ、謀略をかけ、内変を起こさせ、その虚にのって攻めかかれば勝つことができるであろう」と、忍城をまともに攻めたのでは、落とすことができず、奇襲や謀略を用いるべきであると述べている。

これに対して、同じく大将の石田三成は、「されど、（忍城は）平地の孤城で、外から助けなければ、寄手三万近き兵をもって攻めれば落ちないことはない。成田は大半の者が小田原にあり、当城には老人・女・童のみ多く、少しも恐れるに足りない」と述べている。

三成は、周囲の城をことごとく落とし、援軍を断てば、城は完全に孤立するはずで、まして主たる武士は氏長について小田原に行っているのだから、そこを力で攻めれば落ちないことはないというのである。

城は緊急時の避難場所

大谷吉継と石田三成の話から、忍城を攻めることの困難さが伝わってくる。

通常は、周囲の城をことごとく落とされ、援軍を断たれれば、城は孤立し、やがて城内の武器弾薬と食糧が尽きてしまい、落城は時間の問題となる。

だが、吉継が言うように城内に長期間の籠城を可能にするだけの「兵糧、矢玉」があれば、忍城の構造からいっても城はそう簡単には落ちないことだろう。

ただそれには、一つ大きな条件というか、前提がある。

それは、城側が敵の大軍にひるむことなく、心を一つにして団結し、敵に立ち向かうということである。

籠城というのは、普段の日常生活の延長上にあるものではなく、非常時の緊急事態である。現代でいえば、城は災害などから身を守るために避難した一時避難所のようなものであろう。

人は一時の避難だと思っているから、さまざまな不便も何とか我慢できるが、これが長期間続くとなるとそんな生活に嫌気がさし、早く家に帰ってもとの生活を続けたいと思うようになる。これが人の自然な心理であろう。

実際、城の中に食料や弾薬がたくさんあるからといって、長く籠城戦ができるというものでもない。大半の人は、特に成田家とは直接関係のない農民、町人といった非戦闘員は、早く和議をまとめてもらい、一日でも早く戦を終え、家に帰りたいと思っているはずである。

長い籠城戦で城内に内通者や裏切り者が出るのは、そんな心理によることもある。

城側も、そんな人々の心をまとめ、長期の籠城戦へと持っていくのは、これまた至難の業だったのではなかろうか。

氏長の忠告

さて、城主氏長には一つ気がかりがあった。

それは、一人娘のことである。娘はおてんばというか、無鉄砲なじゃじゃ馬で、この戦においで何をするか分からないところがあった。

『成田記』によると、そこで、氏長は自らの出陣が近づくと妻と娘を呼び、

「武士は戦場に出れば、再び帰るという約束はできない。特に今度の戦は西国、九州、北国からの大軍を向こうに回す大戦《おおいくさ》である。私が小田原に参陣した後、敵が城に攻め来ったときは、万事叔父の泰季とはかって諸軍に命令を伝えるのだ。そなたらは女であるが、一城を預かる身として昼夜心をひきしめて油断などしてはならぬぞ」

と諭したという。

さらに娘に対しては、

「おまえは軍事に明るく、力量も女には希《まれ》であるが、勇にまかせてうかつな戦いはしてはいけない。無謀な戦いを好んで身分いやしい者の捕虜にでもなれば、末代まで当家に疵《きず》がつく。ただ城を堅固に守り、兵士を損なわないようにして、小田原の情勢に応じて

やるのだ」

と言った。

これに対して妻と娘は、

「あなた様が出陣した後、敵が押し寄せて来たら、城代の泰季様はもとより、城内の諸士と力を合わせ、必ず城を守ります。万一の事があれば、二人で代わるがわる馬に乗り、守りの弱い口を助け、粉骨砕身して防ぎ、やすやすと城を落とすことなどは絶対にいたしません」

と答えたという。

第一章　成田の姫

成田氏長の長女、甲斐姫

忍城主成田氏長が、「軍事に明るく、力量も女には希である」と評した娘が甲斐姫である。これを見る限り、甲斐姫は男勝りであったようだ。

甲斐姫は、成田家十七代当主氏長の長女として誕生した。

誕生年は不明であるが、一説には忍城が豊臣軍に攻められた天正十八年（一五九〇）に十八歳であったとされていることから、数え年として逆算すると元亀四年（一五七三）生まれになる。

『成田記』によれば、母は上野《こうずけ》（群馬県）金山城主横瀬（由良）成繁《なりしげ》の娘であったが二歳（五歳説あり）のとき離別し、その後は氏長の後妻（武蔵岩付城主太田資正《すけまさ》の娘）に育てられたという。

甲斐姫が母と離別した理由は、かつては同盟関係にあった横瀬氏と成田氏が敵同士になり、横瀬成繁が氏長に嫁にやった娘を返すよう要求したからだとされる。

ちなみに、甲斐姫の実母である横瀬成繁の娘は、大変な美人だったという。

いくら政略上の結婚とはいえ、幼い日に母と別れなければならなかった甲斐姫の心には、実母への思慕が生涯消えることはなかったことであろう。また、幼子を手放さなければならなかった甲斐姫の母の悲しみも、それ以上に深かったに違いない。

『成田記』によれば、氏長は妻との別れのとき、城の二の丸まで行き、橋を隔てて別れたという。幼い甲斐姫の手を取りながら、だんだん小さくなっていく妻の後ろ姿をいつまでもいつまでも見ていたのであろうか。母とそんな悲しい別れをさせてしまった甲斐姫を氏長は不憫《ふびん》に思い、よりいっそうの愛情を注いだことだろう。

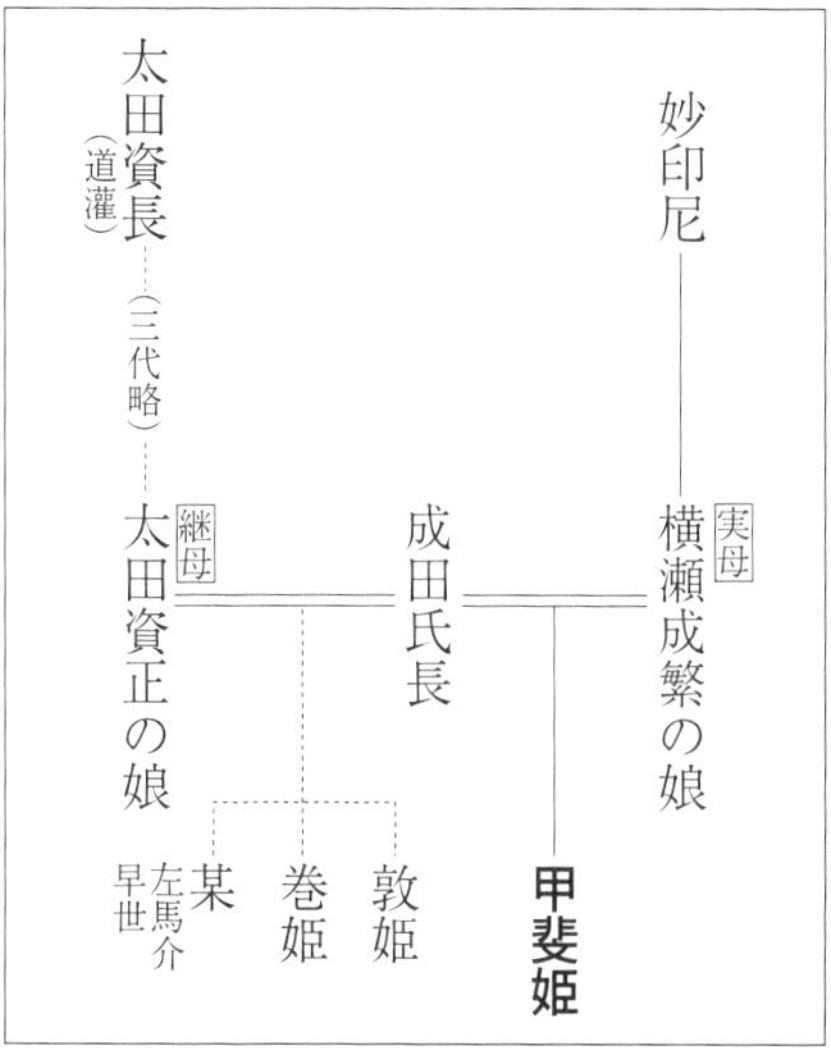

甲斐姫相関図

甲斐姫には、氏長と後妻である太田資正の娘との間に生まれた巻《まき》姫、敦《あつ》姫という二人の妹がいたというが、その存在は成田氏の系図によってまちまちでよくは分からない。

ただ、氏長には跡を継ぐ嫡子がいなかったことから、氏長はいずれ甲斐姫に養子を取って成田家を継がせるつもりであったのかもしれない。

『成田記』には、「甲斐姫は東国無双の

美人であるが、文武の道にも通じ、力がひいで、もし男子ならば天下に名をなし、成田家中興の人となるであろうと噂されていた」と記されている。

甲斐姫の「武」に関しては、祖母妙印尼の血を受け継いだということもあるかもしれない。妙印尼は甲斐姫の実母である横瀬成繁の娘の母で、天正十二年（一五八四）金山城が北条氏に攻められたとき、七十一歳という高齢にもかかわらず、自ら鎧を身につけ城内の兵を鼓舞して、北条氏を相手に一歩も退かず、籠城戦を勝利に導いたとされる女傑《じょけつ》である。

それに加えて、甲斐姫は成田家の血を引く姫として、家を守らなければならないという使命感、責任感から、必然的に武の道に走ることになったのではなかろうか。

甲斐姫は美人だった？

城にまつわる話といえば、だいたいどれも、城主の美しい姫が登場する。また、そうでなければどうもこの手の話は始まらない。これはまさに城話の定番ともいえる。

甲斐姫も「東国無双の美人」であったとされているが、本当のところはどうなのであろうか。

甲斐姫については、今日まで、肖像画などその容姿を示すものは何一つ伝わってはおらず、甲斐姫がどんな顔をし、どんな姿をしていたかはまったく不明である。

そればかりか、甲斐姫は正確にはいつどこで生まれ、どこで死んだのかもいっさい分からない。

そして、その墓もどこにあるか不明で、成田氏の菩提寺である埼玉県熊谷市の龍淵寺《りゅうえんじ》にも甲斐姫の墓などはない。

さらには、甲斐姫について述べている書物も、成田家の歴史を綴った『成田記』や後世に編纂された『真書太閤記』といった読本《よみほん》以外にはほとんどなく、甲斐姫は本当に実在したのかと、その存在すら疑問視する人もいるほどである。

だが、そもそも歴史上の女性について詳細に記された記録など、特別の場合を除いてほとんどなく、その実在を信じるに足る文献上で確認できるのはほんの一握りでしかない。

その意味で、甲斐姫について記した記録や文献がないのは当然ともいえる。

また、系図では娘に関しては「〇〇の女」とされ、名も分からない者が多い中で、氏長の娘は「甲斐姫」という名が分かっているだけでもまだましなほうといえるかもしれない。

しかし、甲斐姫は間違いなく実在した人物である。しかも、美しく聡明な女性であった可能性は高い。

というのは、後に天下人豊臣秀吉が側室にしたという事実があるからである。

秀吉の側室といえば、秀吉の主君織田信長の妹お市の方の娘淀殿、近江源氏の名門京極氏の血を引く松の丸殿京極龍子などが有名であるが、『伊達世臣家譜』によれば、秀吉には十六人の愛妾がいたという。

その中には記録にはまったく出てこない女性も多いが、桑田忠親氏によれば、少なくとも名前の判明するのは以下の九名だという。

それは、淀殿、松の丸殿、三条殿、三の丸殿、加賀殿、姫路殿、かい姫、山名禅高（豊国）の娘、おたね殿の九人で（桑田忠親『太閤秀吉』）、いずれも秀吉が愛した女性たちであったという。

ここで「かい姫」とあるのが「甲斐姫」で、今日まで名前がちゃんと残されていることから、秀吉お気に入りの女性であったことは間違いない事実であろう。

ちなみに、三条殿は名をお虎といい、秀吉の信任が厚く晩年は会津若松で九十万石を領した名将蒲生氏郷《がもううじさと》の父賢秀《かたひで》の娘、三の丸殿は織田信長の五女、加賀殿は摩阿《まあ》姫といい、加賀百万石の礎を築いた前田利家の娘、姫路殿は信長の弟信包《のぶかね》の娘、かい姫は武蔵忍城主成田氏長の娘、山名豊国の娘は室町時代十一か国の守護をつとめた名門山名氏の娘であり、おたね殿は京都伏見の地侍高田次郎右衛門の娘とされている（『同』）。

ここから分かるように、秀吉の愛妾は名門の血を引く高貴で美しい女性が多く、甲斐姫もそんな秀吉の目にとまった女性の一人であったことは間違いない。

これらの女性の多くに共通しているのは、かつては名門であったが、後に没落している家の娘だということである。そう考えると、彼女たちはもともと人質もしくは戦利品のような存在であったが、秀吉が気に入って側室としたものであろう。

甲斐姫も、そんな女性たちの中の一人であったことは言うまでもない。

成田家の歴史を綴った書『成田記』

甲斐姫、そしてその実家である成田家について詳細を記した『成田記』という書物は全部で九巻あり、原本は現在も成田家の菩提寺である埼玉県熊谷市の龍淵寺に残されている。

これは、明治十九年（一八八六）に八木原家から龍淵寺に寄付されたもので、八木原家は「成田家分限帳《ぶげんちょう》」にも「八木原備後」として名を連ねている成田家の旧家臣であった。

『成田記』は、成田家十二代家時から十七代氏長まで約二百年にわたる成田家の興亡が綴られており、特に第五巻から第八巻にかけては豊臣軍における忍城水攻めについて詳細に記されており、そこに甲斐姫も登場する。

また最後の第九巻では、忍城を失って蒲生氏郷に従い会津に行った成田氏長と甲斐姫の

成田家菩提寺 龍淵寺（埼玉県熊谷市）

ことが記されている。

『成田記』は当初は十巻あったと推定されているが、もしそうだとしたら第十巻では、秀吉のもとに行ったその後の甲斐姫のことや、忍城を失った後、秀吉のもとで那須烏山城主として再出発した成田家のことが記されていたのかもしれない。だが、それが現存していない以上、そこに何が記されていたかはまったくの謎というしかない。

この『成田記』を所蔵する龍淵寺は昭和二十五年（一九五〇）に火災にあい、宝蔵が焼け、そのとき『成田記』も部分焼失したが、その後、昭和五十五年（一九八〇）に復刻された。ただ、龍淵寺に残されていたのは元々全九巻であったというから、当初から十巻はなかったということになる。

成田家の功労者甲斐姫

『成田記』を著したのは、小沼保道《こぬまやすみち》という人物で、完成は文化十一年（一八一四）とされている。

著者の小沼保道は『成田記』を執筆するにあたって参考にした資料を挙げている。その中には『回国雑記』などの一級史料も見られるが、多くは『関八州古戦録』や『甲陽軍鑑』『北条五代記』『真書太閤記』など当時の軍記物、読本で、甲斐姫に関する記述もこれに拠っているものが多いと思われる。

ただ、その参考資料の中には『成田記』という書があり、これ以前にも『成田記』という同名の書物が存在したことをうかがわせている。

その旧『成田記』ともいうべき書物は現在まで発見されていないことから、どんな内容か知る術《すべ》もないが、あるいはそれをベースに新たに肉付けして新『成田記』を著した可能性もあろう。

いずれにしても『成田記』には、戦乱の時代を懸命に生き抜く成田氏の姿が克明《こくめい》に描かれており、この書がなかったら我々は成田氏長という武将の名さえ知ることはなかったか

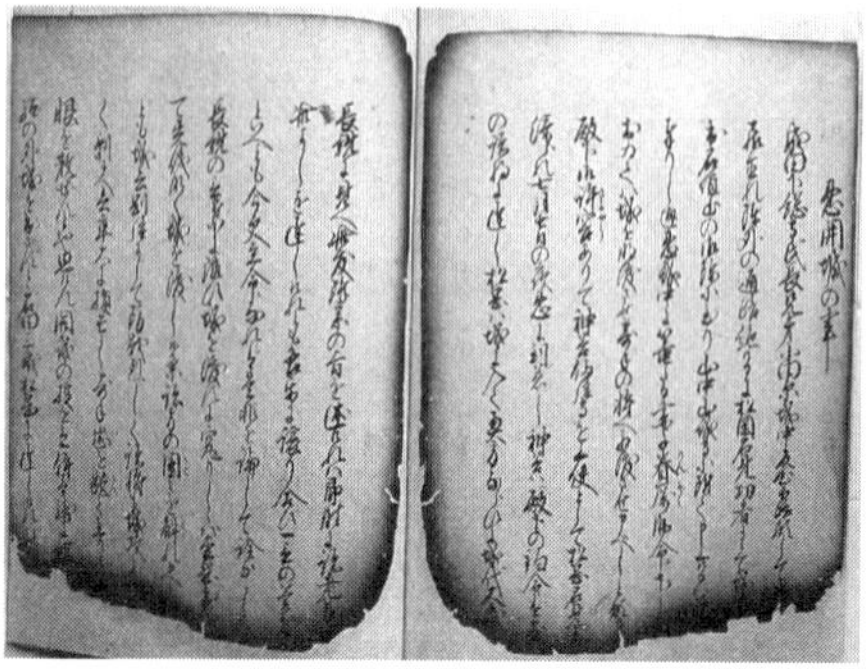

本文

表紙

『成田記』(龍淵寺蔵)

もしれない。

成田家は秀吉の忍城攻めの後も何とか存続するが、跡継ぎをめぐる二度のお家騒動により元和八年(一六二二)に幕府により取り潰されてしまう。

このことによって、成田家は滅亡し、成田家に関する記録も散逸してしまったものと思われる。

そのため、成田氏のことは長い間人々の記憶から忘れ去られていたが、『成田記』が著されたことにより、再び蘇《よみがえ》ることになったのである。

『成田記』の著者である小沼保道は、主家であった成田家の栄光の歴史を描くと共に、一度は没落した成田家を秀吉、家康のもとで再び大名として存続させた功労者ともいうべき甲斐姫という人物を、歴史の舞台に登場させるためにこの書を著したのではなかろうか。

甲斐姫は、成田家の歴史を語る上でどうしても欠くことのできない人物だったのである。

戦国史上最大の合戦

天正十八年(一五九〇)三月、関白豊臣秀吉は相模《さがみ》小田原城(神奈川県小田原市)に北条氏を討つべく、京都を出陣した。

豊臣軍は、秀吉本隊、徳川家康三万騎、織田信雄《のぶお(かつ)》一万五千騎などからなる本軍、前田利家一万八千騎、上杉景勝一万騎ら北陸勢主力の北国軍を中心に、総勢二十一万騎ともいわれる大戦隊であった。

一方、それを迎え撃つ北条軍も、関東の諸城に籠城している兵の数を合わせると十万の動員態勢を取っていた。

北条氏との戦いは籠城が中心となることから、この十万の態勢が機能すれば、豊臣軍として苦戦する可能性が十分にあった。

秀吉軍の作戦は、家康を先鋒とした本隊が東海道から関東に向かい、中国、四国、紀伊、伊勢などの西国の水軍が海路から小田原に迫り、前田利家、上杉景勝が越後、加賀などの部隊を率いて関東を北部から攻めるというものであった。

さらに、秀吉は長期戦に備えて奉行の長束正家《なづかまさいえ》に命じ二十万石の米を集めさせると同時

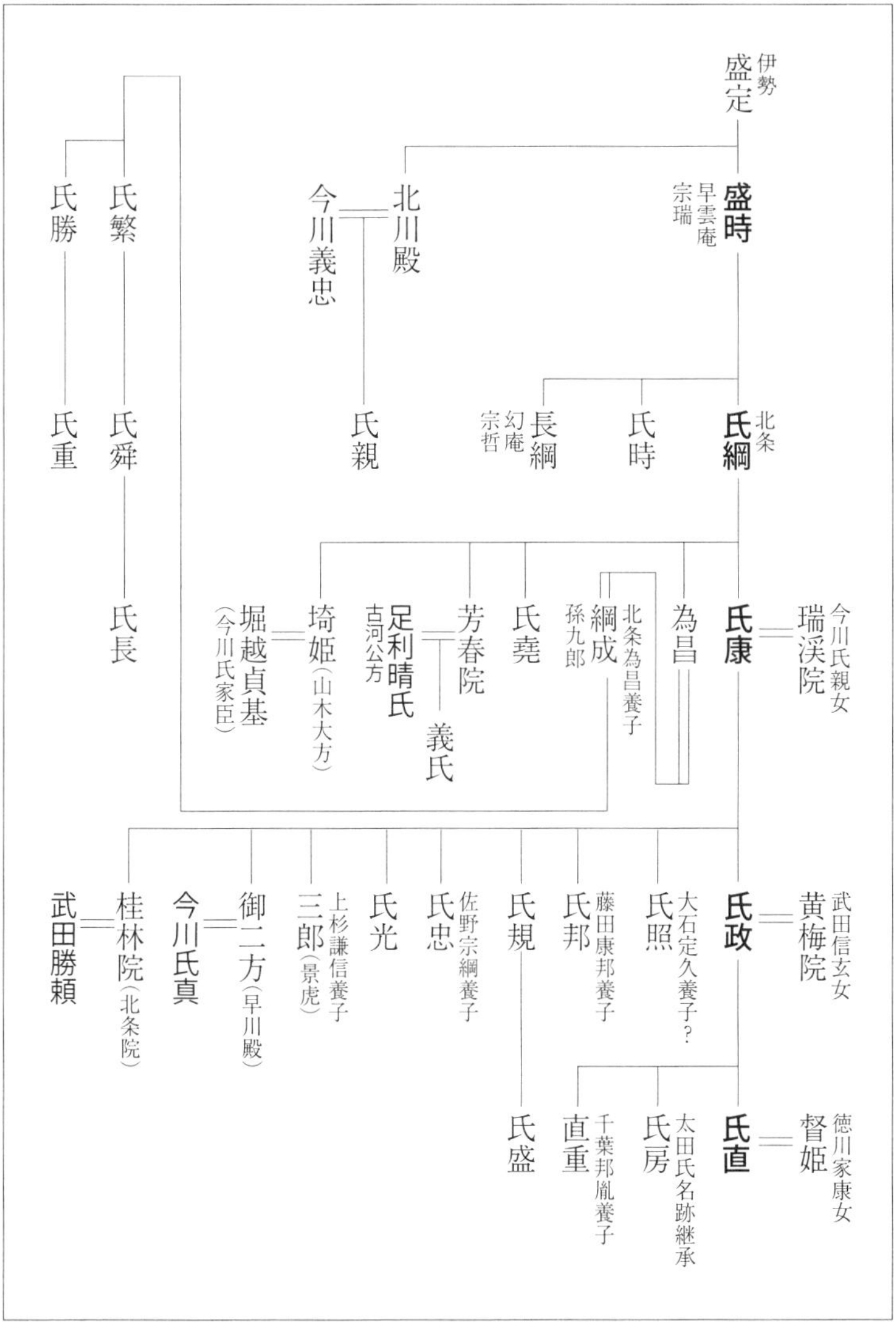
伊勢
盛定
早雲庵
宗瑞
盛時
北川殿
今川義忠
北条
氏綱
氏時
幻庵
宗哲
長綱
氏親
氏繁
氏勝
氏舜
氏重
氏長
今川氏親女
瑞渓院
氏康
為昌
北条為昌養子
綱成
孫九郎
氏尭
芳春院
古河公方
足利晴氏
義氏
埼姫（山木大方）
堀越貞基（今川氏家臣）
武田信玄女
黄梅院
氏政
大石定久養子？
氏照
藤田康邦養子
氏邦
氏規
佐野宗綱養子
氏忠
氏光
上杉謙信養子
三郎（景虎）
御二方（早川殿）
今川氏真
桂林院（北条院）
武田勝頼
徳川家康女
督姫
氏直
太田氏名跡継承
氏房
千葉邦胤養子
直重
氏盛

北条氏 系図

北条氏政〔右〕・氏直〔左〕像（小田原城天守閣蔵）

北条氏政〔右〕・氏直〔左〕花押

北条氏時代 小田原城大外郭（神奈川県小田原市）

に、黄金二万枚をもって関東以西の米を買い占めさせるなど、万全の態勢を取っていった。

一方の北条氏も伊豆の韮山《にらやま》城から箱根の山中《やまなか》城に至るまでの間、いわゆる箱根峠を守る防衛ラインに多くの砦《とりで》を構えて防備を固め、ここで秀吉軍を待ち受け食い止める作戦に全力を傾けていた。

さらには、現在の小田原市中心部である小田原城の城下をすっぽりと囲む大土塁を築き、その上に要所要所に櫓を構え、その前面には深さ十メートルを超える堀を掘って、豊臣軍が城に一歩も近付けないよう守りを固めた。

ここに戦国時代最大の合戦が繰り広げられることとなった。

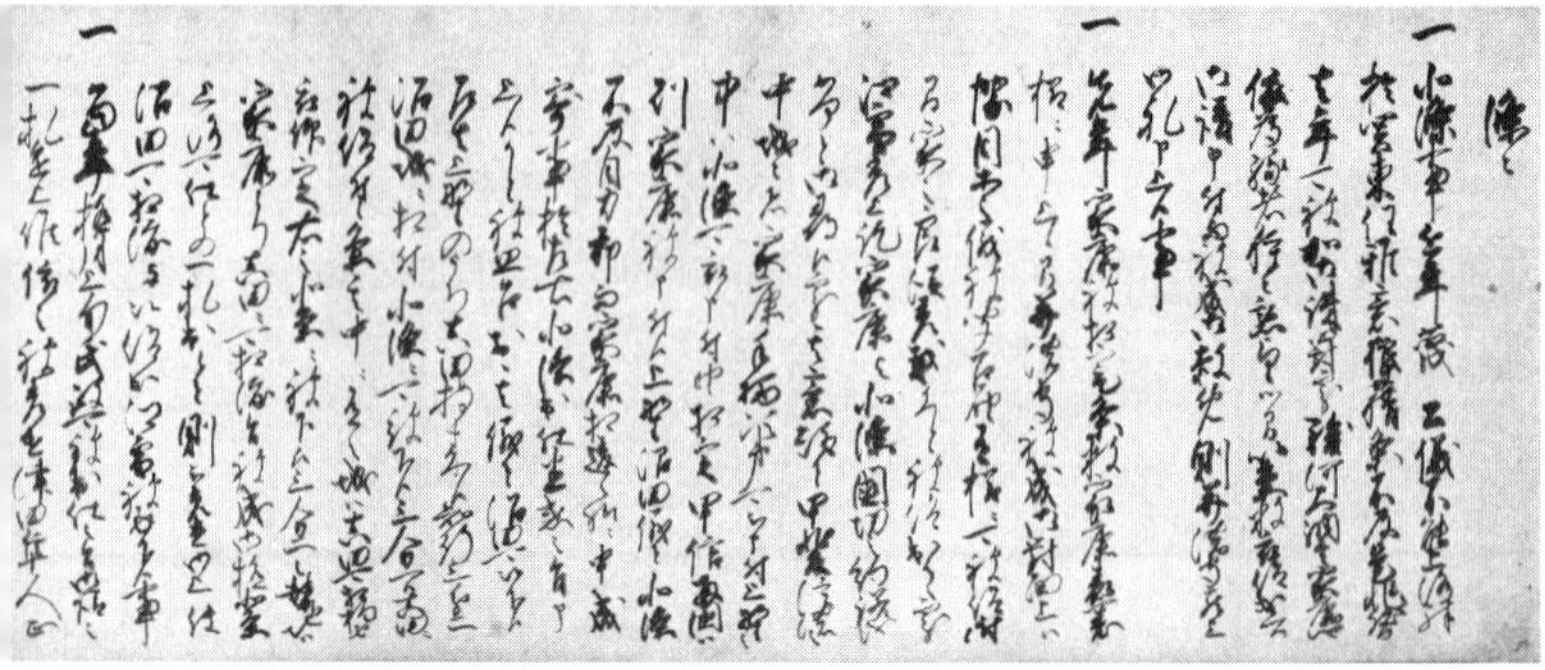

天正17年11月24日付。北条氏に出された宣戦布告状。

小田原攻めを早くに決めていた秀吉

これに先だって、秀吉は前年天正十七年（一五八九）十一月に、北条家当主北条氏直に宛てて宣戦布告の書状を送っていた。そこには、秀吉が北条氏を攻めることになった理由が詳細に綴られている。

いったい、戦国最大規模の合戦がどうしてここに行われることになったのか。この章では、秀吉の書状を読み解くことから始めたいと思う。

秀吉はその書状の第一条で、「北条氏は近年公儀を蔑《さげす》み、秀吉の呼びかけにも上洛をしない。関東においてほしいままに狼藉《ろうぜき》の事、申す言葉もない。そこで、去年、誅罰《ちゅうばつ》を加えようと思ったが、家康が縁者であり、いろいろと懇望するので条件をつけて許したのだ」と述べている。

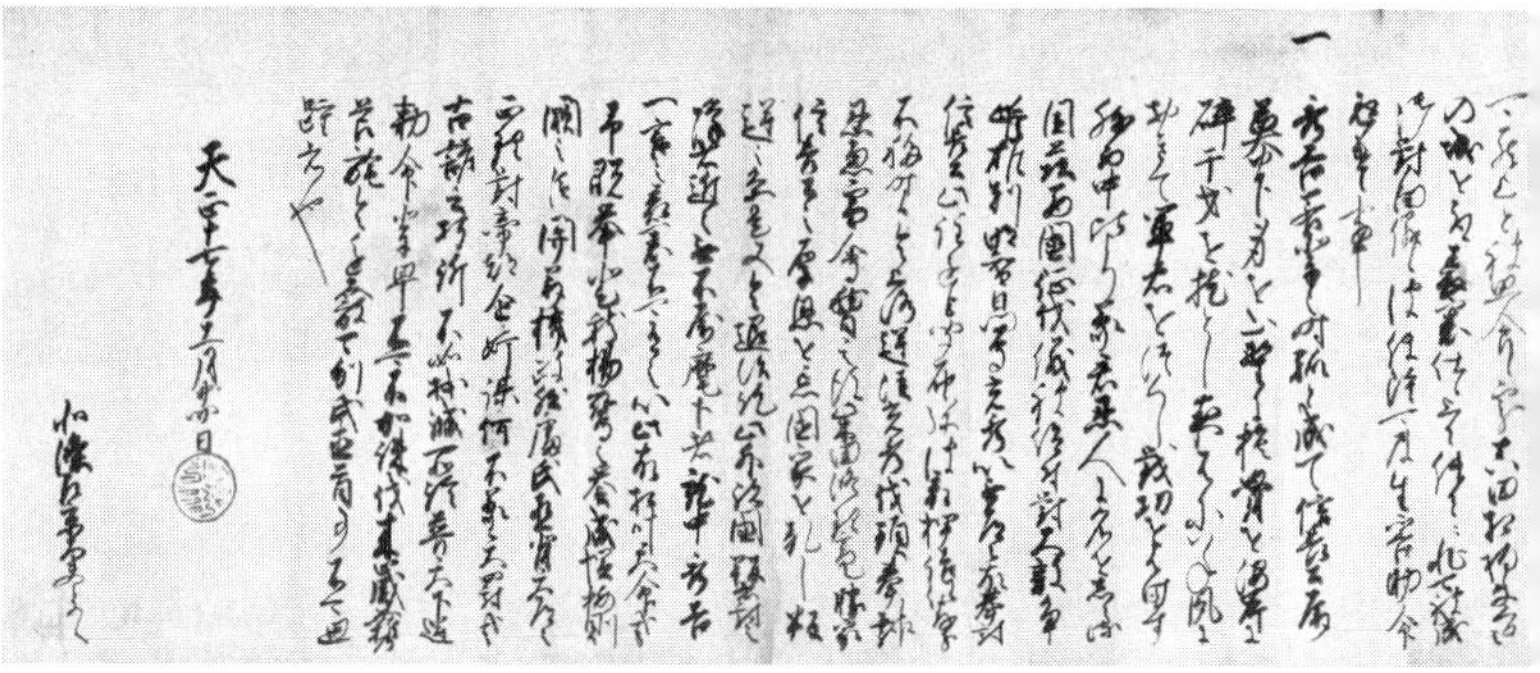

豊臣秀吉朱印状（北条氏直宛・早稲田大学図書館蔵）

ここからも分かるように、秀吉は早くから北条氏を征伐することを計画していた。

秀吉は北条氏に宣戦布告の書状を出した前年天正十六年（一五八八）に「北条氏を征伐しようと思った」と言っているが、実際は、秀吉が小田原攻めを口にしたのは、さらにそれより二年前の天正十四年（一五八六）の正月のことであった。当時上杉謙信の後継者となった上杉景勝にも書状を送っており、その中で「小田原攻めのことも内談したい」と述べているのである。

秀吉は実際に小田原攻めを行う四年前に、すでに北条征伐を頭に描いていたのだ。天下を完全に平定するために、今や関東の覇者《はしゃ》となった北条氏を討つか臣従させねばならず、その機会を眈々《たんたん》とうかがっていたのである。

だが、そこには、一つ大きな問題があった。書状にもあるように、北条氏には徳川家康という強力な同盟者がその背後にいたのである。

家康は天正十一年（一五八三）、娘の督姫《とく》を北条家の現当主氏直に嫁がせ、北条氏と強固な同盟を結んでいた。家康が北条氏と同盟を結んだ目的は、もちろん秀吉に対抗するためである。

そこで、秀吉が北条を討つには、家康をも同時に相手にしなければならなかった。だが、秀吉は北条氏はともかく、家康とは戦いたくはなかった。

というのは、天正十二年（一五八四）、秀吉は小牧・長久手の合戦で家康を相手に戦い、局地戦とはいえ一度敗北していたからである。そのとき秀吉は、家康の戦上手を見せつけられていた。

そのため、秀吉はあの手この手を使って家康を籠絡《ろうらく》する手段を考えていた。

なりふり構わない秀吉

その一つとして、秀吉は実妹の朝日を家康の正室として送り込むことを目論《もくろ》んでいた。

この申し出に正室のいない家康は断る理由もなく、一応それを受け入れる姿勢を見せていた。

これが成功すれば、秀吉と家康は姻戚関係、つまり義兄弟になり、自然に手を結ぶことができるようになる。

しかし、家康もしたたかであった。

家康は秀吉の提案を受け入れるそぶりを見せつつも、その一方で関東安房《あわ》(千葉県)の実力者里見氏と結び、駿河《するが》(静岡県)の三島・沼津で氏政(氏直の父)と会談を行うなど、秀吉に対して不穏な動きを見せていた。

さらには、北条氏もこの前年、奥羽の覇者伊達政宗《だてまさむね》との同盟関係を強化し、秀吉に対抗する姿勢を示していた。

こうして北条氏を軸とする徳川家康・伊達政宗という二大勢力が、秀吉の前に立ちはだかることになった。

そこで、秀吉はまず家康を籠絡することで、その同盟に大きな楔《くさび》を打ち込もうとしたのである。

そんな中、秀吉が北条攻めをほのめかした天正十四年(一五八六)の五月、家康はついに秀吉の実妹朝日を娶《めと》ることを承諾した。

だが、朝日はこのときすでに結婚していた。そのため、秀吉は朝日を無理矢理離婚させて、家康の正室に送り込むという強硬手段を取った。

家康との間に何としても姻戚関係を作ろうとしたのである。

このとき朝日は四十四歳であったというから、当時としては大変な高齢であった。しかも、それまで平穏無事で幸福な夫婦生活を送っていたという。朝日は秀吉の政治的野心のために泣く泣く離婚までさせられたのである。

秀吉は朝日を離婚させるに際して、夫の副田甚兵衛《そえだじんべえ》に五万石の加増を約束したという。秀吉のことである。加増の他にいろんな出世の条件をつけたことであろう。

だが、甚兵衛はそのことごとくすべてを固く辞した。

「主命により離婚はするが、それは本心にはあらず」

甚兵衛も長く連れ添った朝日と離婚などしたくはなかった。また、朝日の気持ちを考えたとき不憫でならなかったのであろう。

甚兵衛は秀吉の申し出をすべて断ると、秀吉の元を去り、尾張烏森《かすもり》（愛知県名古屋市）に隠棲し、剃髪《ていはつ》したと伝えられている。

それは妻を心から愛するがゆえの、甚兵衛の権力者秀吉に対する精一杯の意地であり、抵抗であった。

一方で、朝日を突然送りつけられた家康も、本心は迷惑したに違いない。

家康は、送られてきた朝日に憐憫《れんびん》の情すら感じたことだろう。

だが、それでも、秀吉の思惑に反して、家康は秀吉に屈服する姿勢など絶対に見せなかった。

家康も秀吉に自分をできるだけ高く売る必要があったのである。

これに業を煮やした秀吉は、今度は大切な自らの実母、大政所をも朝日の見舞いと称して家康のもとに行かせた。秀吉はとうとう実母までも人質として送り込んだのである。

家康の邸で再会を果たした大政所と朝日は、いつまでも抱き合って泣いていたという。

大政所は娘の朝日が哀れでならなかったのである。

「秀吉が偉くなんぞならなかったら……」

大政所も朝日も何度も心でそう思ったに違いない。

二人が抱き合って泣く姿を見た家康は、本当に秀吉が実母を自分のもとに送ってきたことを知った。

「何たることだ」

家康はそこに秀吉のすさまじいまでの執念を見た思いがした。

なりふり構わない秀吉の処置に機が熟したと見た家康は、秀吉の招きにやっと重い腰を上げて、京都で秀吉と会見し、秀吉への臣従を誓った。天正十四年十月のことであった。

ちなみに、朝日はこのわずか四年後に病気で亡くなっている。

そこには、秀吉によって引き裂かれた夫甚兵衛への思い、そして高齢での政略結婚ゆえの多くの心労も重なっていたことであろう。

朝日の死はどんなに母、大政所を悲しませたかしれない。

そして、朝日の死を知った秀吉の脳裏には何が浮かんでいたのであろうか。

秀吉に強い警戒感を持つ北条氏

こうして、秀吉は家康をついに臣従させることに成功した。

秀吉の次の課題は、その同盟者である北条氏の扱いであった。

しかし、家康は秀吉に臣従しても、北条氏との同盟を決して破棄しようとはしなかった。家康はここにきても秀吉には心を許してはいなかったのである。

そのため、秀吉が北条氏を討伐するには、その同盟者である家康の同意を得なければならないという大きな問題が残ることになった。

しかし北条氏自身は、秀吉が家康と講和を結んだことで、秀吉に対する警戒をさらに強めることになった。

例えば、家康が秀吉に臣従を誓ったそのわずか一週間後には、秀吉との合戦を想定して領内各地にその指示を出していた。

しかし北条氏は、一方で家康にも配慮し、万が一京都で合戦が起こったら、家康に味方して出陣することを配下の武将に伝えている。

「家康はいったいどちらの味方なのか」

北条氏も家康の本心を測りかねていた。

だが、今ここで家康を失うことは、北条氏にとって大きなマイナスであり、秀吉と戦うためには、家康との同盟の継続は不可欠であった。

しかし、家康の臣従を得た秀吉は北条氏を追い詰めるために、間断なく次の手を打ってきた。

家康が秀吉に臣従を誓った翌月の天正十四年十一月、秀吉は家康を通じて北条氏政に関東での私戦を禁止し、すみやかに上洛するようにとの「関東・奥羽惣無事令」を伝えたのである。これは北条氏や伊達氏による関東・奥羽地方での領地の拡大を今後はすべて私戦とみなし、違反すれば関白秀吉の名のもとに裁定するというものであった。

しかし、それは北条氏にとっては、関東支配への秀吉の干渉以外の何ものでもなかった。

「我らはこれまで艱難辛苦の努力を重ね、自らの力で何代にもわたって関東を領地化してきたのである。それについて秀吉にどうこう言われる筋合いなどない」

それが北条氏の本音であった。

露骨な反抗を見せる北条氏

北条氏は、家康が秀吉に臣従してから約半年後の翌天正十五年（一五八七）三月に本拠小田原城の大普請を行い、五月から七月にかけて上野（群馬県）の重要拠点松井田城、箕輪《みのわ》城、金山城の普請を開始し、さらにはその年末には、配下の武将たちの兵を小田原に集めるための軍事訓練をも行った。

それは秀吉の「関東・奥羽惣無事令」に違反する行為であることは明らかであった。北条氏は露骨に反秀吉の姿勢を見せ始めたのであった。

これに対し、秀吉はそんな情勢など一見気にも止めることなく、天正十五年五月までには紀伊、四国、九州など西日本を平定し、七月には大坂城に帰還していた。

これによって、秀吉は次の目標を天下平定の総仕上げともいうべき関東・奥羽の平定一つに絞ることができるようになった。

さらには、この年九月には京都における関白秀吉の公邸聚楽第《じゅらくてい》が完成し、いよいよ翌年には天皇の行幸が予定されていた。

聚楽第への天皇の行幸は秀吉にとって天下人としての威信をかけた一大事業であり、それを遂行する場である聚楽第の完成は秀吉にとって特別の意味を持っていた。

聚楽第の完成、さらにはそれに続く天皇の行幸に対しては、全国の諸大名から祝賀の使者が続々と秀吉のもとを訪れていた。

しかし、北条氏は、そこでもまったく上洛の気配すら見せることはなかった。

まさにそれは、秀吉に臣従する意思などまったくないことを表明したことになり、秀吉がそんな北条氏に大きな不快感と不信感を持ったのは当然であった。

危機感をつのらせる家康

北条氏の強硬な姿勢に最も危機感を覚えたのは、同盟者の家康であった。

家康は聚楽第での天皇の行幸が終わるとすぐ、天正十六年（一五八八）五月に北条氏政、氏直に上洛を強く要請した。

家康はそこで「北条氏の有力者が誰も上洛しないというなら、北条家とは断交し、北条氏に嫁がせた娘を離縁して送り返して欲しい」と言った。

北条氏と今も同盟関係にある家康自身も、このままでは秀吉からあらぬ疑いをかけられないとも限らなかった。

家康から最後通告を突きつけられた当主北条氏直は、家康に「本年十二月までには氏政を上洛させます。また、その前に氏規《うじのり》（氏政の弟）を必ず上洛させます」と約束した。

だが、それでも北条氏は重い腰をなかなか上げようとせず、上洛しようとはしなかった。

そこで家康は、七月に北条氏に再度強く上洛を促した。

家康の再度の要請に、八月になってやっと氏規が家康の重臣榊原康政らに伴われて上洛し、聚楽第で秀吉との初めての会見を果たすことになった。

沼田裁定

氏規は秀吉に会うと開口一番、「関東惣無事を果たすためには沼田問題の解決こそが不可欠です」と述べた。

上野沼田城（群馬県沼田市）は、家康との同盟の折り北条氏に引き渡すことが約束されていたが、当時家康の配下で沼田城を領有していた真田昌幸（真田幸村の父）はそれを拒み、それがもとで家康のもとを去り、今は秀吉のもとに身を寄せていた。

沼田は上野（群馬県）利根郡にある交通の要衝の地で、そこから三国峠を越えれば越後（新潟県）に、利根川を渡って鳥居峠を越えれば信濃（長野県）にと通じていた。

上野の完全領地化を望む北条氏にとって、沼田城はどうしても確保しなければならない拠点の城であった。そこで北条氏は「関白様が真田昌幸を説得して沼田を北条の手に渡すよう取り計らうなら、氏政は上洛いたしましょう」と持ちかけたのであった。

北条氏は前主氏政の上洛の条件はあくまでも沼田問題の解決にあると主張し、沼田問題を前面に押し出して秀吉の出方を見たのである。

北条氏の当主は氏直であり、本来は氏直自身が上洛するのが筋だが、秀吉が氏政の上洛にあくまでもこだわっているのは、事実上北条家を動かしているのが氏政であることを知っていたからである。

さて、この沼田問題に対して秀吉は「それは徳川、真田、北条間の問題であり、互いによく話し合って解決すべきではないか」と伝えたが、北条氏はそれを「関白様の裁定に委《ゆだ》ねたい」と頑として譲らなかった。そのため秀吉は、その裁定を自ら行うこととなった。

したたかな北条氏

北条氏としては、自らの上洛を取引材料にして秀吉の手を借り、これまでの大きな懸案事項であった沼田問題に一気に決着をつけたいとの目論見を持っていたのであろう。

北条氏も関白秀吉を前に、したたかな姿勢を見せていた。

しかし、北条氏はその裏で、郷村から十五歳から七十歳までの男子を兵士として徴兵する総出陣態勢を図るなど、秀吉との交戦への準備を着々と整えていた。

この時点で、沼田を中心とする真田領が手に入れば、北条氏の上野支配は大きく進むことになる。さらに、北条氏は家康の他にも奥羽の伊達政宗と強固な同盟を結んでおり、その伊達氏もまだ秀吉に屈してはいなかった。

軍事拠点としての城の整備が進み、農村からの根こそぎの徴兵で兵士の数の目あてもついた。

さらには、長年の懸案事項であった沼田城も手に入る目処《めど》がつき、家康と、奥羽の伊達政宗との軍事同盟も生きている。

北条氏にとってこの延長上にくるのは、必然的に秀吉との決戦であった。

そんな中、秀吉はついに沼田問題に裁断を下した。天正十七年(一五八九)七月、氏規の上洛からまさに一年が経過しようとしていた。

秀吉が下した決定は「真田が所有する上野の領地の三分の二と沼田は北条に渡すこととする。残る三分の一の地は真田の先祖の墓のある名胡桃《なぐるみ》城と共に、相違なく真田が領有するように」というものであった。

この秀吉の裁断により、北条氏は念願の沼田城を手に入れることになった。

名胡桃城の謎

秀吉はこのことについても、後日北条氏に送った宣戦布告の書状の第二条で「上野の沼田城については、北条の力で解決できず、そのためいろいろと難癖をつけて北条は上洛しないのであろうかと思い、沼田を北条に与えたのである」と述べている。

この秀吉の裁定、表面上は一見合理的で何の問題もないように思える。だが、よく内容を吟味すると、実は一つだけ気になることがある。

それは、秀吉の裁断の中にある「真田の先祖の墓のある名胡桃城」という箇所である。『真田藩政と吾妻郡』（山口武夫著）によれば、「名胡桃に真田の先祖の墳墓などはない」というのである。

そうなると、真田昌幸に名胡桃城を渡す理由となった「真田の先祖の墓のある」という根拠がきわめて曖昧であることに気づく。

「そんな細かいことはどうでもいいのではないか」

あるいはそう思う方もいるかもしれない。

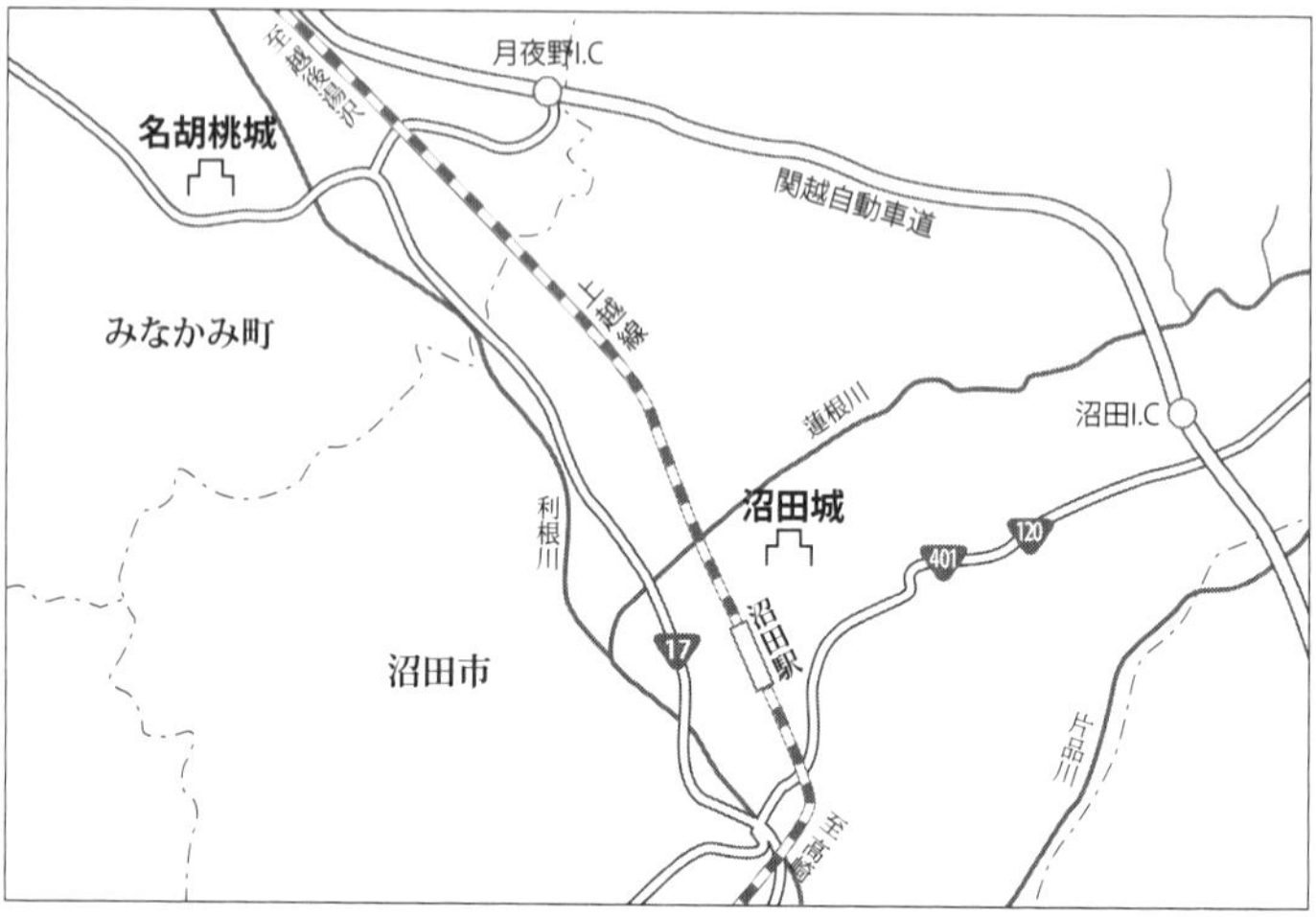

現在の地図上に見る沼田城と名胡桃城の位置関係

しかし、筆者は実際に沼田城の跡を訪ねたときに、それがいかに重要な問題であるかがよく理解できた。沼田城と名胡桃城は地図上では直線距離で四キロもあり、一見すると離れているようにも見える。だが、実際に沼田城の跡に立ち、そこから利根川北の対岸を眺めてみると、名胡桃城の跡がとてもよく見えるのである。

これは当時でもまったく状況は同じであった。当時は名胡桃城にそびえる櫓、さらには風にはためく真田の六文銭の旗がはっきりと見えたことだろう。

この名胡桃城を真田氏の城とされた北条氏は、大きな脅威を感じずにはいられなかったはずである。

なぜなら、名胡桃城は利根川対岸にあると

いっても沼田城よりも高台にあり、そこから沼田城の様子が四六時中監視できる位置にあるからである。

利根川対岸にある高台の城から城内が見下ろされる。これは沼田城の防衛上また戦略上最も警戒すべき事態である。これでは沼田城は裸にされたのと同じである。

しかも、名胡桃城はもともと真田氏が沼田城を攻めるために取り立てた城である。

そんな城が沼田城の対岸にあったとしたら、北条氏としては真田氏そしてその背後にいる秀吉から日常的に監視されることになる。

また、彼らが北条を攻めようと思ったら、名胡桃城に軍勢を配置することも可能である。

秀吉の陰謀

その意味で、秀吉が沼田城を本気で北条氏に渡す気があるなら、この名胡桃城を完全に破壊させるか、あるいは北条氏の城として沼田城に付けてやるべきであった。

それを「真田の先祖の墓のある名胡桃城」なので「相違なく真田が領有する」ようにとわざわざ念を押すなどどう見ても不可解である。

百戦錬磨の秀吉である。

この名胡桃城が沼田城にとってどんな戦略的な意味を持っているかは十分に認識していたはずである。それをあえて北条氏の宿敵ともいうべき真田氏に渡した背景には、秀吉なりの思惑があったと思わざるをえない。

一方、当の北条氏にすれば、秀吉の裁定で確かに沼田城は手にした。だが、その対岸高台にある名胡桃城が真田氏の城とされたことで、沼田城の戦略的な価値は半減してしまうことになった。

北条氏が沼田城を安全かつ完全に領有するためには、名胡桃城を実力で奪い取るしかない。そう考えるのはある意味、当然であったのかもしれない。

もし、そのすべてを計算の上で秀吉が北条氏にあえて沼田城だけを与えたとしたら……。北条氏はまるで目の前にえさをぶら下げられ、罠をかけられたネズミと同じであったろう。

北条氏の要求をのみ、沼田城を渡す約束をした秀吉は、天正十七年（一五八九）六月、小田原城に使者を派遣して、氏政もしくは氏直の上洛を促した。それに対して北条氏側は「氏政を十二月上旬には上洛させましょう」と伝えた。

そんな中、七月に沼田城は真田氏から北条氏に無事に引き渡された。

これによって北条氏は、上野国では真田領を除いてすべて領有することになり、沼田城は武蔵鉢形城主（埼玉県寄居町《よりい》）で当主氏直の伯父氏邦が管理し、城代として氏邦の重臣猪《いの》保邦憲《またくにのり》が入った。

名胡桃城を強奪した北条氏

だが、沼田城の引き渡しから四か月後の天正十七年十一月、その沼田城代猪俣邦憲の兵が突然名胡桃城を襲い、真田方の城代鈴木主水《もんど》を討ち死にさせるという事件が起きた。

真田昌幸はこのことをすぐに秀吉に報告し、北条氏の非法を訴えたことは言うまでもない。

それを聞いた秀吉は怒りをあらわにし、「来春を期して北条氏を征伐する」とすぐに通告した。まさに、ここまでは秀吉の筋書きどおりであったろう。

ついに秀吉は、北条征伐のための大きな大義名分を得たのである。

一方、その秀吉の言葉に驚いた北条家の当主氏直は、「名胡桃城を攻めた猪俣能登守という者は智恵分別のない田舎者で、これは全く猪俣の仕業で北条の与り《あずか》知らぬことです」「名胡桃のことはゆめゆめ当方から乗っ取ったことなどありません」と家康に泣きつき、秀吉への取り成しを懇願した。

だが、こんな子どもだましの言い訳が秀吉に通るわけなどない。

普通、常識的に考えても、真田の城を攻めるという軍事上の重大事が沼田城代でしかない猪俣邦憲の一存でできるはずなどない。

少なくとも、城を攻めるについては、猪俣の直属の上司である武蔵鉢形城主北条氏邦あるいは小田原の北条本家の指示があったと考えるのが普通であろう。

これについて、下山治久氏は「従来から、この名胡桃城攻めは猪俣一人の独断で行ったとされてきたが、同時期に名胡桃城関係の氏直の感状が発給されているのが近年みつかり、そもそもは北条氏直が氏邦に命令し、氏邦が（猪俣）邦憲に命じて攻略させたことが明らかになっている」（『八王子城主・北条氏照　氏照文書からみた関東の戦国』）とし、名胡桃城攻めは北条本家の命令であったことを明らかにしている。

実はこのとき、北条氏内部は秀吉との協調をはかっていこうとする現当主氏直らと、それを突っぱね戦も辞さないという前主氏政の二派に分かれていた。そのことから名胡桃城攻めを強行したのは実際は氏政の命である可能性が高い。

秀吉を逆手に取った北条氏

だが、どんないきさつがあったにせよ、名胡桃城は秀吉が真田領といったん決めた城である。そこを攻めれば、秀吉から「私戦」と認定され、「関東・奥羽惣無事令」違反になるということは北条氏も十分に認識していたはずであった。

つまり、北条氏強硬派はここでわざと確信犯的な行動を取ったことになる。

彼らは早くから秀吉との一戦を想定し、その準備を着々と整えていた。そこから、逆に秀吉を利用して沼田城を手に入れ、さらには名胡桃城をも実力で取り、その時点で秀吉に宣戦布告したのであった。

北条氏強硬派にすれば、もういつ秀吉と合戦に及んでもよいだけの準備はできていたのである。

しかしそれでも、北条氏はなぜあえて秀吉に戦いを挑んだのであろうか？

このことを考える上で、もう一つ重要な事件を考えないわけにはいかない。それは奥羽で起こっていた伊達政宗と蘆名《あしな》義広との合戦である。

伊達政宗はこの名胡桃事件から四か月前に起こったいわゆる「摺上原《すりあげはら》の合戦」で、蘆名氏を倒し、会津に攻め込んでいる。

伊達政宗はこのとき弱冠二十三歳の若者であったが、この合戦の勝利で奥羽六十六郡中ほぼ半分にあたる三十余郡を手にしている。

だが、政宗の起こしたこの戦いも、明らかに私戦を禁止した「関東・奥羽惣無事令」に違反する行為であった。さらに、伊達氏に滅ぼされた蘆名義広は、秀吉に早くから臣従していた北関東の佐竹義重の実弟でもあったことから、露骨な秀吉への反逆行為でもあった。伊達政宗のこの行為は、まさに伊達氏も秀吉に屈する意志などまったくないことを如実に示したものと言えた。

この伊達政宗が北条氏と同盟関係にあったことは先に述べた。そのことから、北条氏の名胡桃城攻めも伊達氏の動きと連動したものと考えざるをえない。北条氏は伊達氏が秀吉に屈服しないことを見届けた上で、あえて自らも軍事行動に臨んだのではなかろうか。

とすれば、北条氏は秀吉の謀略にまんまとひっかかったのではなく、自らの意思で秀吉に宣戦布告を行ったのであった。

北条征伐

秀吉はそんな北条氏や伊達氏の行為を当然のように「関東・奥羽惣無事令」違反、「勅命に逆らう」行為とし、ついに北条征伐を決断した。

秀吉は宣戦布告状の第三条で「北条が沼田の城を受け取った上は、約束の一札に任せ、氏政が上洛するものと思っていたところ、真田が持っている名胡桃の城を奪って北条が約束に相違した」と述べている。

しかし、この北条攻めについて下山治久氏は、名胡桃城の一件がなくとも秀吉は北条征伐を行うことを九月ごろには決めており、十月十日には配下の諸大名に「来春、関東陣役のこと」を通告し、兵糧奉行を長束正家と決めていたことを指摘している（『小田原合戦豊臣秀吉の天下統一』）。

まさに、秀吉は北条に罠を仕掛け、北条はそれに引っ掛かったふりをして宣戦布告をしたのであった。

そこでは、狐と狸の化かし合いが演じられていたのである。

さらには、石田三成の書状に「北条を成敗すれば、そのまま会津に攻め入って伊達の首をはねる」とあるように、秀吉は北条攻めの後に伊達攻めをも想定していたことは言うまでもない。

いよいよ北条攻めは現実のものとなった。この事態は成田氏ら北条配下の関東の諸将たちにも、大きな緊張と動揺を与えることになった。

北条氏の作戦は険難な箱根の峰で豊臣軍を防ぎ、また、領地内関東の隅々に配置された百か所以上もの自慢の堅城《けんじょう》に豊臣軍を引きつけて分散し、豊臣軍がそこを攻めあぐんでいるところを小田原本城の軍が背後から攻撃するというものであったと思われる。

そのため、小田原城には二、三年分の兵器や食糧が運び込まれており、五万六千の兵が籠城していたという。

さらには、北条氏は同盟者である奥羽の伊達氏が秀吉軍の背後を突き、さらには長期の戦での徳川氏の離反も計算に入れていたことであろう。

秀吉もそこでは北条攻めが一年、二年はかかるとの認識でいたようである。

まさに秀吉の天下平定の最後の戦いにふさわしい歴史上未曾有《みぞう》の大合戦が、ここに火ぶたを切られようとしていた……。

箱根の険難を突破した豊臣軍

天正十八年（一五九〇）三月、箱根の険難を守る北条氏自慢の堅城山中城に豊臣軍最初の大規模な攻撃が開始された。

山中城は現在ほぼ全体が発掘され、城の周囲はすべて障子堀《しょうじぼり》という、堀底に障子の桟《さん》のような縦・横の仕切りを持った独自の堀で囲まれていたことが分かっている。この堀は敵の兵が落ちたら二度と這い上がれないようになっており、そこを城内から狙い撃ちするという厳しい構造になっていた。

しかし、豊臣軍は緒戦ともいうべきこの攻城戦に大量の兵をつぎ込み、わずか半日で城を落としてしまい、箱根峠をいともたやすく突破するこ

山中城 西櫓からの障子堀（静岡県三島市）

とに成功した。

北条氏の思惑は緒戦で大きく崩れてしまうことになった。

箱根を難なく突破した秀吉本隊は、次に小田原城を眼下に見下ろす笠懸山《かさがけやま》に前線本部ともいうべき石垣作りの本格的な城を築き始めた。これが有名な石垣山一夜城である。

この城は臨時の城とはいえ、本丸には天守閣まで備える本格的な作りであった。

秀吉は妻である北政所に宛てた書状に「城は石垣作りで、台所もあり、やがて広間や天守を建てるつもりである」と書いており、また、徳川家康の重臣であった榊原康政の書状によれば、この城は「聚楽第や大坂城にも劣らないほどのもので、天守・櫓は白壁であった」という。

長期戦を覚悟していた秀吉

この事実をもってしても、秀吉は小田原城攻めが長期戦になるとの認識を持ち、そこを生活の場として長く滞在できる拠点を作ろうとしていたことが分かる。

事実、秀吉は山中城を落とした一か月後に書いた書状の中で、「大名たちにも女房を呼ばせ、小田原で生活するよう触れを出した。そのように長陣を申し付けたので、自分も淀の者（淀殿）を呼びたいが、そなた（北政所）からよく申し付けてもらえないか」と述べている。

まさに、秀吉は小田原にお気に入りの側室淀殿を呼び寄せて日常生活を営み、じっくりと腰をすえて、北条氏が音をあげるまで小田原城を取り囲む腹であったことが分かる。

そのため、豊臣軍本隊は小田原城をびっしりと取り囲み、籠城の兵が一歩も城の外に出られないよう監視した。

秀吉は同じ書状の中で「早々と敵を鳥かごに入れてしまった」と言い、「小田原城を二、三町に取り巻き、堀や塀を二重に築き、敵を一人も出すことはない」と豪語している。

しかし小田原城は、現在の小田原市街がそっくりそのまま城の中というとてつもなく巨大な城である。そこには、籠城する五万六千の兵を二、三年養えるだけの食糧が運び込まれており、城内には畑なども設けられ、ある程度の食糧の自給も図られていたことであろう。そうなると小田原城も簡単には落ちそうもない。

精神的プレッシャーをかける秀吉

そこで、秀吉は別働隊を組織し、北条氏の配下にある武蔵（東京・埼玉）、下総《しもうさ》（千葉県北部・茨城県南西部）らの諸城に向かわせ、城の各個撃破を命じ、小田原城に精神的なプレッシャーをかける作戦に出た。

小田原城には成田氏をはじめ関東各地の城の城主が集められていた。そこでは、小田原城への籠城はすべてが彼らの意志とはいえなかった。むしろ、それは彼らにとって迷惑以外の何ものでもなかったろう。彼らは何より、家族のいる自分の城の動向が気になって仕方なかったはずである。もし、自分の城が落ちたとなれば、彼らの戦意は消失し、小田原に籠城する意味もなくなる。

秀吉はその心理をも利用しようとしたのである。

別働隊は徳川家の武将本多忠勝や鳥居元忠、秀吉配下の浅野長吉（長政）らからなり、武蔵江戸城（東京都）、下総臼井城（千葉県佐倉市）、下総佐倉城（同市）などを次々と陥落させ、やがて武蔵岩付城（埼玉県岩槻市）に迫った。

また、前田利家・上杉景勝を主力とする北国部隊も三月になって信濃（長野県）から碓氷《うすい》峠を経て上野（群馬県）に入り、北条氏の重臣大道寺政繁《だいどうじまさしげ》の守る重要拠点松井田城（群馬県松井田町）を攻めた。

しかし、城の守りは堅く城攻めは難航し、攻城は約二か月に及び、四月二十日にやっと陥落した。

この間、秀吉は北国部隊の真田昌幸に「小田原城を二重三重に取り囲み、海の上には千

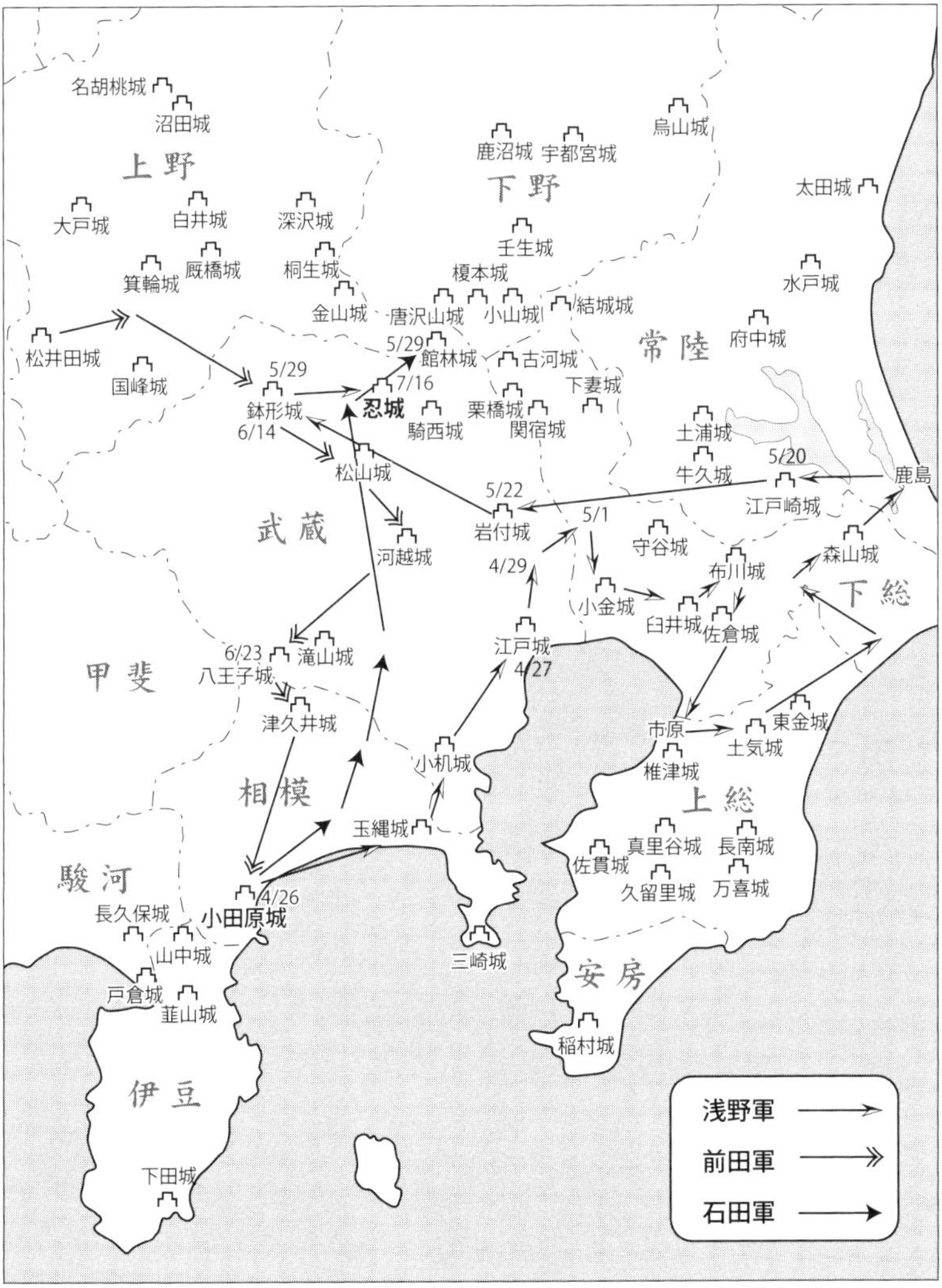
名胡桃城
沼田城
上野
大戸城
白井城
深沢城
厩橋城
箕輪城
桐生城
金山城
松井田城
国峰城
鹿沼城
宇都宮城
烏山城
下野
壬生城
太田城
榎本城
唐沢山城
小山城
結城城
水戸城
常陸
府中城
5/29
館林城
古河城
5/29
7/16
鉢形城
忍城
騎西城
栗橋城
関宿城
下妻城
6/14
松山城
土浦城
牛久城
5/20
江戸崎城
鹿島
5/22
岩付城
5/1
武蔵
河越城
守谷城
森山城
4/29
布川城
小金城
下総
臼井城
佐倉城
甲斐
6/23
八王子城
滝山城
江戸城
4/27
津久井城
市原
土気城
東金城
小机城
椎津城
相模
上総
玉縄城
真里谷城
長南城
佐貫城
駿河
4/26
久留里城
万喜城
長久保城
小田原城
山中城
三崎城
戸倉城
韮山城
安房
稲村城
伊豆
下田城
浅野軍
前田軍
石田軍

秀吉の小田原進軍の図

艘の船を浮かべている」と、北条氏の本城である小田原城を陸海から完全包囲していることを伝えている。

次々と落城する関東の名城

松井田城を落とし勢いづいた昌幸らは、今度は箕輪城（群馬県箕郷町）、厩橋《うまやばし》城（同県前橋市）を落とし、上野（群馬県）をほぼ制圧した。

そして、そこから武蔵（東京・埼玉）に進むと、松山城（埼玉県東松山市）、河越城（同川越市）といった北条氏の重要拠点を次々と落としていった。

この間、武蔵岩付城に向かった浅野長吉ら二万の別働隊は五月二十日に城に猛攻撃を加えた。そこでは、北条方の名のある武士がほとんど死ぬなど大量の犠牲者が出、城方はその二日後に城を明け渡した。

秀吉の書状によれば、「（岩付城では）大半が討死して、城内に残っていたのは町人・百姓・その他妻子の類」だけであったというから、豊臣軍の猛攻に城はほとんど全滅状態であったことが分かる。

別働隊は、その後、前田利家らの北国部隊と合流し、北条家の前主氏政の弟氏邦の守る

逆井城跡（茨城県坂東市）
小田原攻めによる北条氏没落により廃城となる。

武蔵鉢形城（埼玉県寄居町）を攻め、六月十四日に落としている。

さらに、北国部隊は武蔵八王子（東京都八王子市）に進み、八王子城に総攻撃をかけた。

武蔵鉢形城攻めでは、前田利家らは味方の損害を避けて、城兵に降伏ばかりを勧めた。戦の現場の指揮官としては、味方に一兵たりとも犠牲は出したくはなかった。そのため、できるだけ力攻めを避け、城側に降伏を促し、平和裏《へいわり》に城を明け渡すようここまで努力してきていた。

だが、この措置を秀吉は怒り、八王子城に向けて総攻撃を命じたのである。

確かにこれまで、北条方の城は確実に落ちてはいたが、落とした城の数だけでは、小田原に大きなダメージを与えることはできないと秀吉は考えたのである。

秀吉はポイントとなる城では力攻めを行使し、城を完膚《かんぷ》なきまでに攻めて、敵を皆殺しにし、豊臣軍の力を北条氏に見せつける必要があることを痛感していた。

そして、そのターゲットにされたのが八王子城であった。

八王子城は北条家内で氏政と並ぶ主戦論者であった北条氏照が丹精込めて築いた堅城で、北条氏にとっては小田原城に次ぐ重要拠点であった。そのため、秀吉はこの八王子城を力で叩き潰すことが小田原本城に大きなダメージを与えると考え、容赦のない総攻撃を命じたのである。

そこで、八王子城攻めには上杉・前田・真田の連合軍のほか、降伏した大道寺氏などの元北条氏の軍勢なども加えられ、総勢五万もの大量の兵が一気に投入されることになった。そこでは、攻城軍は秀吉の機嫌を損なうことを恐れ、秀吉の指示どおり、遮二無二《しゃにむに》城を攻めに攻めた。

これには堅城を誇る八王子城といえどもなす術はなく、八王子城は六月二十三日、わずか一日の攻防戦で落城した。

ここに、豊臣軍は、その無敵の強さを北条氏にまざまざと見せつけることに成功したのである。

第三章　幻の忍城水攻め

豊臣軍忍城を囲む

一方、秀吉本隊からは五月末に石田三成、大谷吉継、長束正家らの奉行衆、佐竹義宣《よしのぶ》・宇都宮国綱《うつのみやくにつな》・結城晴朝《ゆうきはるとも》ら北関東の武将を中心とした二万の部隊が上野館林城(群馬県館林市)に向かい、これを攻略していた。

館林城も忍城同様周囲を沼池に囲まれた難攻不落の城であったが、石田三成らは二万の兵で城をびっしりと囲み、城に圧力を加えると、攻めることなく和議をもちかけて開城させた。

どこからも援軍が望めないと判断した館林城は、三成らの勧告に従って城を明け渡し、降伏することで籠城者すべての命を守ることになった。

そして、三成ら二万の兵は次のターゲットとして、今や関東で唯一残る成田氏長の居城忍城に向かったのであった。

『関八州古戦録』によれば、氏長の妻(太田資正娘)とその息女(甲斐姫)は一族家臣らを集め、「弓矢の家に生まれた以上、たとえ城主が留守であったとしても、武名を落とすことなどできぬ。皆心を一つにして城を枕に戦うよう」と檄を飛ばして籠城戦を指揮しており、城には二千を超す武士・領民が立て籠もっていたという。

領民を守るのが領主の責務

『成田記』では、氏長の妻の提案で武士以外の民衆が城に入ったことになっていたが、当時の民衆は戦が始まると金品を寺に預けたり、地面に埋めたりして、鍋釜など身近な家財道具を携え、身一つで領主の城に避難するのが一般的であった。

また、戦国時代の領主は、そんな彼ら領民を守ることが一番の責務でもあった。

領民は普段から領主に税を納め、城の普請やメンテナンスを行うための労働力を提供していた。実際、彼ら領民の力を借りなければ、領主は城を築くことも、それを維持することもできなかった。

そのため、領主は有事には彼らを城の中に避難させ、それまで城に蓄えていた食糧などを放出して守らなければならなかったのである。

そこでは、領民たちは戦の避難所として城に入城したのであり、敵との戦闘が目的で城に入ったわけではなかった。

しかし、先にも述べたように彼らは普段から自衛のために鉄砲や弓を使用しており、そ

石田三成が陣を張った丸墓山より忍城を望む

れは城方にとって兵数の不足を補うことのできる貴重な戦力であったことは間違いない。

事実、八王子城主北条氏照は、十五歳から六十歳までの領民を八王子城に根こそぎ召集し兵力を補っているし、忍城に近い武蔵松山城にも二千の雑兵・住民が集められていたというから、それは忍城でも同様であったことだろう。

秀吉自身も、石田三成に宛てた書状の中で、「忍城には豊臣軍の攻撃を察した城の周辺の住民やその家族がことごとく城に避難しており、その数は一万にも達するであろう」と述べている。秀吉は、忍領内の領民のすべてが忍城に入り、城が領民であふれることを見通していた。

実際は一万はいなかったにしても、城には大人だけでも二千六百人が立て籠もっていた。それを攻める石田三成ら豊臣軍は二万。当時城攻めには十倍の兵力が必要とされていたことから、数の上だけから見れば、忍城も決して劣勢とはいえない状況にあったことが分かる。

こうして、ここに、豊臣軍と忍城籠城軍との間で戦が始まろうとしていた。

なぜ水攻めか

『成田記』によれば、豊臣軍は忍城の「皿尾口」「長野口」「佐間口」「下忍口」「大宮口」を攻めるが、城内の兵にさんざん翻弄《ほんろう》され、いたずらに損害が出るばかりであったという。

特にそれを指揮した大将石田三成は、「才はあるが、心がねじれていて、嫉妬心が強く」功名心にかられて城攻めを失敗させたと酷評されている。

その石田三成が「（忍城は）要害堅固の上に兵糧、矢玉が十分にある。力をもって攻めれば、味方の人馬を損ずるのみでその効はない。そこで思案を巡らすに、城が窪地にあるので、水をもって攻めれば利があるだろう。幸いに利根川、荒川が近いので、堤を築いて両川を堰き入れれば、その水、城中にたたえ、人馬たちまちに溺死すること疑いはない。これ関白殿下、備中の国高松城、紀伊国太田城を攻めた軍法である」と述べたという。

これについて、大谷吉継は「考えとしてはよいが、利根川、荒川を堰き止める堤防を築くことは容易ではない。もし、失敗したら財を無駄に使うことになる」と反対した。

さすがに豊臣家の奉行だけあって、鋭い指摘をする。吉継は費用対効果にまで言及している。

しかし、三成は引き下がらない。

「大谷殿の言葉は大変に消極的といわざるを得ない。この計略が失敗するかもしれないというのでは何もできない。今、関東の諸城が攻め落とされたり、降参したりして十中七、八が落ちている。ここで、忍城だけが攻めるのに時間がかかっていることから、岩付に向かった浅野、木村の部隊がやがて岩付城を攻め落としてこの城に加勢にやってくることだろう。その後に城を落としたとあっては我らの面目は立たない。一日も早く城を攻め落としてこそ我らの面目が立つというものである。その手段としてはもう水攻め以外にはない」

と必死な面持ちで訴えた。

この言葉を聞いた奉行の長束正家はじめ諸将も同じ気持ちであったので、吉継一人が反対したが、最後は水攻めに決定したという。

ここでは、大将の石田三成が強硬に水攻めを主張したことにより、水攻めが決まったことになっている。

忍城攻城軍の大将石田三成

ここで、『成田記』では「才はあるが、心がねじれていて、嫉妬心が強い」と酷評されている、忍城攻城軍の中心人物であったとされる石田三成について少し述べてみよう。

三成は当時豊臣秀吉第一の側近であり、後にその政権の中枢を担う五奉行の中心となり、やがて秀吉死後は徳川家康を相手に関ヶ原合戦を起こしたことは有名である。

奉行というと我々は現在の国家官僚や事務官のように、現場を離れ政権の後方で頭脳労働ばかりを行っているようなイメージを抱くが、豊臣政権が軍事政権である以上、奉行といえども基本は武士、軍人である。

石田三成像（杉山丕氏蔵）

まして、三成は、それまで常に秀吉のもとにあって近習《きんじゅ》を務めながら、秀吉の多くの戦に参加し、秀吉から生きた実戦を学んできている。

さらには、三成はこれまで秀吉の使番《つかいばん》や奏者《そうしゃ》として、他の武将たちからの申し出を秀吉に取り次いだり、秀吉の命をもって他の武将や敵との交渉にあたるなど重要な任務を遂行してきた。

秀吉が織田信長の後継をめぐって柴田勝家と争った賤ヶ岳《しずがたけ》の戦いでは、敵将柴田勝家を牽制するため、越後（新潟県）の上杉景勝と外交交渉を行っていたともされている。

また、この賤ヶ岳の合戦では、先懸衆《さきがけしゅう》として敵に突撃して功名をあげた武士の中に三成の名前が見えることから、実戦にも参加していたことは間違いない。三成は、まさに文武両道の活躍をしていたことになる。

一般に三成は戦下手とされているが、そんな三成が軍事にうといはずはない。事実、関ヶ原合戦では名将家康を相手に互角以上の戦いをしている。

秀吉が忍城攻城戦を三成に委ねたのも、秀吉の三成に対する絶大な信頼があったからであろう。

この後、秀吉が北条氏を滅ぼして実質的な天下人になると、三成はその政権内で政務全般を担当し、合戦における物資や兵士の補給などの後方支援、検地などによる租税体系の確立、貨幣流通促進などの経済改革、さらには博多や堺などの主要都市の復興や都市計画にあたるなど、幅広い活躍をすることになる。

水攻めは必要か

『成田記』では、三成は「(忍城は)平地の孤城で、外から助けなければ、寄手三万近き兵をもって攻めれば落ちないことはない」と述べているが、実は、この言葉はある意味本質を突いている。というのも、三成らは忍城の前に攻めた上野館林城でこの方法で城を攻め、戦わずに降伏させているからである。

三成らは、城をびっしりと囲み、城側に精神的な圧力を加える一方で、周囲の城がことごとく豊臣軍の手に落ち、このまま籠城を続けてもどこからも援軍など来ないことを城側に認識させたものと思われる。

この点に関しては忍城も館林城とまったく同様であり、城側がいくらがんばっても援軍などどこからも来ないという現実はまったく同じであった。

そこでは、三成らは館林城と同じ方法を取れば、水攻めという手間と時間と労力と金のかかることなどわざわざやる必要はない。

そのうち、豊臣軍の他の部隊も駆けつけ、さらなる大軍で城を囲めば、それだけで城側に大きな圧力と恐怖を与えることもできるはずで、そこで和議を持ちかければ、城方が開城する可能性はかなり高いのではなかろうか。

水攻めの理由

しかし、それでもなぜ、忍城は水攻めにしなければならないのであろうか。

『関八州古戦録』によれば、「忍城は要害である上、城内には食糧・武器弾薬も豊富にあり、力攻めは難しい。そのため、城の四方に堤を築き、利根川・荒川を堰き止めて城を水浸しにして攻める」ことにしたといい、先の『成田記』にも、三成は忍城を攻めあぐみ、「援軍が到着する前に何としても城を落とさねばならない」と水攻めを決意したことになっている。

ここでは、三成はあくまでも援軍が来る前に自分たちだけの力で城を落とすことにこだわったということになるが、この論理は少しおかしい。

なぜなら、水攻めをすれば、その工事に手間と時間がかかる可能性が高く、その途中に援軍が来ないという保証はどこにもない。これでは援軍が到着する前に城を落とすということにはならない。

また、水攻めで百パーセント城が落とせるという保証があればよいが、もし、工事に失敗すれば、かえって援軍の武将の笑い者になろう。

事実、これより五年前に行われた秀吉による天正十三年（一五八五）の紀州太田城水攻めでは堤防の一部が決壊し、攻城軍に多くの溺死者が出ている。

その意味で、水攻めは大変高度な技術を要する作戦で、誰にでもできるようなものではない。そんなハイリスクを冒してまでも、水攻めをする必要がどこにあるのだろうか？

もちろん智恵者の三成のことである。この工事には自信を持っていたのかもしれない。しかし、智恵者の三成だからこそ、この工事の持つリスクの高さを誰よりも認識していたともいえる。

水攻めを命じたのは秀吉

『成田記』や『関八州古戦録』がいうように、水攻めを決めたのは本当に三成であったのだろうか？

忍城攻城軍の構成を見ると、石田三成、大谷吉継、長束正家といった秀吉のブレーンともいうべき奉行衆が名を連ねていることが分かる。

奉行というのは、基本は軍人であるが、自分の意志や判断によって戦の現場を仕切るという立場ではなく、本来は主君の命を忠実に実行するのが任務である。

だとしたら、そこには秀吉の強い意向が介在したことは確実で、事実上の現場の指揮権はあくまでも秀吉にあったと考えるべきなのではなかろうか。

つまり、忍城に向かった豊臣軍、特に奉行衆には、他の城攻めとは違う特殊任務があらかじめ与えられていたのではないか。

天正十八年（一五九〇）六月五日付の秀吉朱印状によれば、石田三成、佐竹義宣らは、二万の兵をもって忍城を取り詰め中であると述べられていることから、六月五日時点で三成らは忍城を完全に包囲していたことは事実である。

実は秀吉は、三成らが忍城を囲む一か月前の五月に三成に宛てて「水攻め築堤の絵図を承認したので、水攻めのための工事を油断なく申し付ける」という書状を送っていた。

この書状から、秀吉は最初から忍城を水攻めにすることを決めており、その設計図、青写真を三成らに作成させていたことが分かる。

三成らは初めから忍城を水攻めにするとの前提で、事前に忍城及びその周辺の地形を調べ上げ、水攻めのための設計図を作成し、秀吉にそれを提出していた。

秀吉はそれを承認し、彼らをその計画の執行官として忍城の現場に送り込んだのである。

忍城攻城軍に奉行が多いのはそのためであった。

ここから分かるように、水攻めを命じていたのは間違いなく秀吉自身であった。

水攻めは『成田記』等の諸書がいうように、城側の抵抗が激しかったからでも、三成が城を攻めあぐんだからでもなく、秀吉が決めた初めからの既定方針であったのである。

秀吉は同じ五月の四日に浅野長吉、木村常陸介《ひたちのすけ》に宛てた書状の中で、「備中高松城を水攻めしたときは、太刀も刀も入らず、ただ水をくれて、見物したものだ」と豪語しているが、このとき、秀吉の頭の中にはかつての高松城水攻めの光景が鮮やかに浮かんでいたに違いない。

それはまさに、これから行う忍城水攻めとオーバーラップしていたことであろう。

備中高松城水攻め

備中高松城水攻めは、天正十年（一五八二）六月、織田信長が本能寺に斃《たお》れる、まさにそのときに行われていた中国毛利氏攻めにおいて取られた作戦で、当時、秀吉は毛利方の有力武将清水宗治が守る高松城を攻めていた。

高松城は周囲を大沼で囲まれていて、その沼には深い泥土が堆積しており、人がそこに入ると体が沈み、身動きがまったく取れなくなるほどであった。

さらに、大沼から城へ入るには細い道が一本しかなく、まともに攻めることなどできなかった。そこで、秀吉は城の周囲に堤防を築き、そこに足守川の水を堰き止めて入れ、城を水没させる作戦に出たのであった。

毛利軍は高松城の救援にやってきたが、城の周囲が水没してしまっていたため、城に近づくことすらできなくなり、城を挟んで秀吉軍と睨《にら》み合うしかなかった。

折しも、そのとき本能寺の変の情報をつかんだ秀吉は、高松城将清水宗治の切腹を条件に毛利との和議を急ぎまとめ、明智光秀を討つため、京に向かったのであった。

紀州太田城水攻め

秀吉がその三年後の天正十三年（一五八五）に水攻めを行った紀州太田城は、周囲約二百七十三メートル、南北二百十八メートルの規模で、周囲は深い湿地に囲まれ、そこには、当時秀吉に反抗していた三千とも五千ともいわれる根来《ねごろ》衆・太田衆が立て籠もっていた。

一方、これを攻める秀吉軍は六万とも十万ともいわれている。

数だけ見ても圧倒的に秀吉有利で、おまけに秀吉はこの直前に根来衆や雑賀《さいか》衆の立て籠もる城を次々と落城させ、ついには彼らの本拠地根来寺をも焼き払い壊滅させている。

そのため、このとき太田城にはどこからも援軍など来る可能性はなかった。秀吉としてはこの城を完全包囲し、徐々に圧力をかけていけば城側はやがて弾薬・食糧が尽き、開城するのは時間の問題であったろう。

しかし、秀吉はここでもそんな手段を使わず、手間のかかる水攻めを選んだ。

そして、城から約三百メートル離れた周囲に高さ十三メートル、底辺の幅三十二メートル、上部の幅九メートル、長さ五キロメートルという堤防をわずか六日間で築き、そこを流れる宮井川の水を堰き止めて堤防内に入れたのである。

折しも、そこで数日間雨が降ったため、城の周囲はたちまち湖のようになり、城は浮城になったという。

堤防がわずか六日間で築けたのは、そこにもともと氾濫《はんらん》に備えて築かれていた古い堤防があり、それを利用したり修築したからだともいわれている。

しかし、このとき、その堤防の一部が長さ三百メートルほど決壊し、宇喜多秀家の軍に溺死者が出るという事故があった。だが、秀吉は直ちに大量の土俵《つちだわら》を作って決壊箇所を修復し、城攻めを続けたという。

この戦では、城側は一か月間籠城し、その間、船で攻めてきた秀吉軍に必死に応戦したが、やがて籠城軍の気力が衰えていき、名だたる武士が自害することで開城したといわれている。

秀吉は水攻めをし、城を水没させることで、籠城する敵の戦闘意欲を完全に殺《そ》いだとも言える。

しかし、ここでもわざわざ水攻めをしなければ城は落ちなかったのかという素朴な疑問がどうしても残る。

城側は一か月も籠城しているのである。まさに費用対効果という点だけで見ると、秀吉は大変な無駄をしたと言えなくもない。

だが、秀吉はここで大きな無駄をしてまでも、水攻めをしなければならない理由があった。秀吉は小牧・長久手の局地戦では家康に敗れたが、その後、関白への就任が決まり、さらには、四国、九州の平定もすぐ後に迫っていた。秀吉としては、ここで、自らの力を家康はじめ天下に見せつけなければならなかった。

そこでは、どんな手段を使ってでも敵を絶対に屈服させるという、天下無敵の秀吉をアピールする必要があったのである。

大土木工事を必要とする水攻め

忍城を水攻めにするには、過去に行った備中高松城や紀州太田城とは比べものにならないくらいの大土木工事が必要であった。

例えば、水攻めにするには忍城の外を流れる荒川（現在の元荒川・川幅五〇メートルほど）を堰き止めなければならないが、それは備中高松城や紀州太田城の周囲を流れる足守川（川幅十八メートル）や紀ノ川（実際は紀ノ川の灌漑用水である宮井川）よりはるかに水量が多く、流れが激しい河川であった可能性がある。そのため、それを堰き止めるだけでも大変な難工事が予想される。

さらには、仮に、うまく堰き止められたとしても、今度はその大量の水を入れて耐えられるだけの強固で長い堤防の構築が必要となる。

まさに、どれをとっても大規模な工事が予想される。

この未曾有の大土木工事を行うために、秀吉は石田三成らの奉行衆を現場に派遣したのである。

ただ、そこには一つ素朴な疑問が残る。果たしてそこまでして、忍城というたった一つの城を攻め落とす必要があったのかということである。

もし、ここで忍城一つが落ちなかったとしても、関東の諸城がことごとく落ち、もう事実上勝敗の大勢が決定したこの時点では、豊臣軍にとっては何ら影響はなかったはずである。

それをわざわざ手間のかかる水攻めまでして城を落とすなど、常識的には考えられない。

助命嘆願を無視した秀吉

この時点で、北条氏は事実上本城の小田原城を残すのみで、その落城は時間の問題であった。さらに、忍城だけが秀吉に特別に頑強に反抗していたかというと、そうではない。

秀吉は六月十二日付で石田三成に宛てた書状の中で、「忍城を水攻めにすることを命じた。城内には一万ほどの者が籠もっているようである。もし、水攻めになれば、周辺はすべて荒地になってしまうので、彼らを助け、城内に籠もる女・子供・老人などは出城に移して、岩付城同様鹿垣を結い回してそこに入れるよう」と細かい指示を与えている。また、この書状では城内の者が助命を嘆願してきているとも述べている。

しかし、秀吉はその嘆願を認めず、さらには女・老人・子供の弱者を城の外に出した後に水攻めを実行することを重ねて命じている。

ここでは、無抵抗の弱者の身の安全ははかられるが、水攻めをすれば、城周辺の田畑は水没し、秀吉の言うように城の周囲に荒地を作るばかりで、領民からは耕す土地を事実上奪ってしまうことになる。

それは領民たちを苦しめるのみで、これからの秀吉政権による統治に深い影を落とすことであろう。そのことを秀吉は十分に分かっていながら、あえて水攻めをするというのである。

つまり、秀吉は何が何でも忍城を水攻めにしたいのであり、それゆえに、城からの嘆願を一切認めなかったのである。

なぜなら、嘆願を認めてしまえば、その時点で城は開城になり、水攻めをやる大義名分がなくなってしまうからである。

『成田記』等の諸書では、忍城側は豊臣軍が水攻めを決める前に徹底抗戦したことになっているが、事実は、城側は豊臣軍に囲まれたばかりの早い時期に、戦うことの不利を悟り、早々と秀吉に助命嘆願を行っていたのであった。

だが、秀吉にとってこんな小城の一つ落ちようが落ちまいが、大勢には全然何の影響もなかった。仮に忍城がいかに抵抗したとしても、落ちるのは時間の問題であり、秀吉自身が熱くなって、水攻めまでして落とす必然性などどこにもないのである。

忍城水攻めに批判的であった石田三成

一方、秀吉が三成に書状を送った六月十二日の翌十三日に、三成は武蔵鉢形城を攻めている浅野長吉、木村常陸介に宛てて書状を送っている。

その中で三成は、「忍城攻めは大方準備が整いましたので、先鋒の部隊を引き揚げることになりました。諸将も水攻めの用意ができたので、城を攻める様子もありません。城内からは半分を城の外に出すと言ってきておりますが、その城内からの詫び言を聞かないのであれば、攻撃に出ようかと返事を待っています」と述べている。

この書状からは、忍城水攻めの準備が整ったこと、城内から籠城者の半分を出すと言ってきたこと、三成としてはその申し出を聞かないことなどが記されている。

先の秀吉の書状からも、城内から助命の詫び言（嘆願）が寄せられていることが分かるが、ここでも三成は嘆願を聞かないとの秀吉の方針を述べ、そうであるなら城の攻撃に出ようかと思っているとも述べている。

しかし、城を直接攻撃することは秀吉の方針ではない。秀吉の命令は、是が非でも水攻めにすることなのである。

ここに、三成の秀吉へのかすかな抵抗を見る思いがする。

三成は、手間と時間のかかる水攻めという秀吉の方針には賛同できなかった。城からの嘆願を認めるなら開城させ、そうでないなら、徹底的に攻めるべきである。それが三成の考え方であったのではなかろうか。

だが、実際は、このとき、水攻めの準備などまったく整ってはいなかった。このころは水を貯める堤防作りに取りかかったばかりで、堤防はまだいくらも完成してはいなかったと思われる。

ここに、浅野長吉らに対抗意識を燃やす三成の強がりと不安が見え隠れしている。

水攻めにこだわる秀吉

また、秀吉が忍城については、初めから「水攻め」ありきという方針であったことを示す有力な証拠が、もう一つある。

それは、三成が浅野長吉、木村常陸介に宛てて書状を送ってから、約二週間後の七月一日に起こったある事件における秀吉の対応である。

七月になって忍城に援軍にかけつけた浅野長吉、木村常陸介らは城攻めが遅々として進んでいないことを見、それに苛立ち、忍城の北方約一キロのところにある忍城の出城皿尾城を急襲し、城を落とすという行為に出たのである。

ここでは城内からの抵抗も激しく、浅野方にも多くの死傷者が出たが、城を落とすことには成功した。

長吉はさっそくこのことを秀吉に得意気に報告した。秀吉からお褒めの言葉をもらえるものと期待していたことだろう。

皿尾城跡（埼玉県行田市）

しかし、案に相違して、秀吉から返ってきたのは「皿尾城は落として当然の城であり、忍城は水攻めと決まっているのだから、そのつもりでやれ」というお叱りとも取れる言葉であった。

つまり、「皿尾の小城など誰が攻めても落ちるのは当然であり、それより、水攻めを妨げるような余計なことはするな」というのである。秀吉はどこまでも忍城を水攻めにすべく準備しているのであり、城を囲む諸将は水攻めの準備にあたるのみで、城を直接攻めたりして、城側に余計な刺激を与えてはならないのであった。

もし、そこで城側が秀吉軍と破れかぶれの決戦にでも及べば、水攻めをする大義名分はなくなってしまうことになる。そんな秀吉の心を長吉らは読めなかったのであろう。

それに攻城軍が本気で忍城を攻める気があったとしたら、皿尾城などとっくに落としていたことだろう。それをしなかったのは、秀吉の命で、水攻め以外の方法を取ってはいけなかったからである。

忍城での奮戦はあったか

しかしそんな攻城軍の様子は、忍城に籠もる成田一族や領民たちにとって不可解な出来事に映ったことだろう。

助命の嘆願は聞き入れてもらえず、かといって、敵はただじっと城を囲んでいるだけで攻めてくる様子もない。

大量の人を動員して城から少し離れた場所に堤防を作っているようだが、それも完成したのやらしないのやら。いったい、豊臣軍は何をしようとしているのか分からない。それが彼らの実感であったろう。

だが、『成田記』『関八州古戦録』等の書によれば、城側はそれをじっと待っていたのではなく、豊臣軍を相手に大奮戦したという。特に『成田記』では、忍城の守口で両者の間で戦闘が行われ、そこで甲斐姫が活躍したことが描かれている。

持田口をめぐる攻防では、真田幸村が白河原毛《しろかわらげ》の馬に乗り、赤白の陣羽織を着て、先頭を切って城に攻め入り、城兵に多くの損害を与えたという。

これに対して、城側では本丸にいた甲斐姫が二百の兵を率いて加勢に来、甲斐姫は城へ逃げ帰る兵を横目に自ら先陣を切って敵に突っ込み、敵の大将の一人である児島備後《びんご》を弓で射落とすという戦功をあげ、城兵もこれに続いて奮戦したという。

「佐野勢は大勢、甲斐姫は小勢、ややもすれば追い詰められる。甲斐姫は多勢に寡勢ははじめから分かっている。大勢におじけることはない。自ら先陣をすると（中略）たちまち二、三騎を突き落とす。城兵もこれを見て、気を直し、追い立て追い回す。大将甲斐姫の出で立ち華やかに、右よ左よと声をかける。（後略）甲斐姫、打ち笑いながら、側にもたせていた弓を取って矢を放つ。矢は児島の喉に命中し、二言を言えず馬より落つ。城兵これをみて、あっぱれなる児島殿、見事に命を捨てられたと打ち笑った」

このように『成田記』では、豊臣軍と籠城軍との間で繰り広げられた戦いが臨場感あふれる表現をもって描かれている。

そこでは、城側も豊臣軍に果敢《かかん》に攻撃をしかけて勇ましく戦っていたことになる。しかし残念ながら、これらは事実とは思えない。

例えば、当時真田幸村は上杉景勝の人質として春日山城にいた可能性が高く、この戦に参加していたとは考えにくい。また、豊臣軍と城側でそのような激しい攻防戦が繰り広げられたとすれば、当然、秀吉、浅野長吉、石田三成らの書状に何らかの形で述べられているはずだが、そのような記述はどこにもない。さらに、それらが記されているのは『成田記』『関八州古戦録』等の書のみでしかない。

それに何より、秀吉は城へのそんな攻撃など許すことはなかったに違いない。

事実、浅野長吉が忍城の出城である皿尾城を攻めたことにさえ気分を害しているくらいなのである。

秀吉にとって、水攻めの準備が整うまでは城側を決して挑発してはならないのであった。

城方との合戦は一度だけ

城側と豊臣軍との間で行われた攻防戦が確かな文書で確認できるのは、唯一浅野長吉らによる先の皿尾城の戦いのみである。

ここから分かることは、成田氏は本城である忍城にすべての兵を集めて立て籠もっていたのではなく、出城である皿尾城にも兵を入れて豊臣軍に対峙していたということである。

そこでは、豊臣軍が皿尾口から忍城に攻撃を加えようとした場合、背後からそれを襲う態勢を取っていたということであろう。

それだけに、この城は忍城を攻める際には目障りな城であったことは言うまでもない。そのため、浅野・木村の軍はこの城をターゲットにして攻めたのであろう。

ちなみに、浅野・木村の軍はこの城を夜明けに急襲し、城兵の首三十をあげ、残りの城兵を本城である忍城に追いやったようである。

ここに皿尾城は落ちたが、激しい城側の抵抗にあい、浅野の兵にも多くの死傷者が出たという（田口新吉「成田氏長について」）。

この浅野軍の奮戦については、織田信雄や家康の重臣榊原康政らがその活躍を激賞した書状を長吉に送っている。例えば、織田信雄は「忍之城を攻め崩したとのこと、比類なき手柄」と褒めちぎっている。

それは裏を返せば、この戦いが忍城攻めで唯一目立った戦いであったことの証左にほかならない。

そして、この皿尾城の攻防以外に忍城と豊臣軍との間で合戦が展開された形跡はどこにもない。つまり、『成田記』等にある両者の攻防戦などは存在せず、それは後世に創作されたものであったといえる。

勇気ある措置

事実は、そのころ忍城内は、豊臣軍の包囲網に耐えることに精一杯で、これから何が起こるか分からないという先の見えない不安に怯えていたことだろう。それはまるで、蛇に睨まれたカエルのようであったに違いない。

そのころの城内の様子は、どこにも確かな記録がないため想像するしかないが、少なくとも、籠城の兵が破れかぶれになって攻城軍に攻め入り玉砕したなどという事実はない。

事実は、城側は籠城したすべての人々の命を救うべく、豊臣軍に包囲された時点で、秀吉に助命嘆願を行っていたのではあるまいか。

しかし、これもまた、領民の命を救うために、成田家は武門としての意地やプライドを捨てて降伏するというのであるから、ある意味勇気ある行動であると言わざるを得ない。敵と勇ましく戦い散って後世に名を残すことより、この決断のほうがどれだけ勇気がいったかしれない。

成田家は、何よりすべての家臣、領民たちの命を守ることを最優先したのである。

そこから、城内には、聡明で家臣、領民たちをきちんとまとめ統率していた強いリーダーシップを持った高潔な人物がいたことがうかがえる。

あるいはそれは、『成田記』等が伝える氏長の妻や甲斐姫であったのかもしれないが、確かなことは分からない。

堤防を完成させた三成

この間、石田三成らは秀吉の命に従って水攻めの準備、具体的には水攻めのための堤防作りを行っていた。

しかし、三成らが忍城に到着したのは六月五日ごろであり、援軍の浅野らによって忍城の出城皿尾城が攻められたのは七月一日、ほぼ一か月後であった。

この間、水攻めはなされていないことから、忍城を包囲してから一か月後の時点でもまだ堤防は完成してはいないか、もしくは川を堰き止める作業などが終わっていなかったことが分かる。

先の三成の書状に「水攻めが決まっているので武将たちは城を攻めようとはしない」とあったが、それは彼らが秀吉の命令を遵守し、水攻めの準備が整うまで、城に何の手出し

石田堤跡（埼玉県行田市）

もしないことを指しているのであろう。

援軍として忍城にやってきた浅野・木村の軍は、そんな彼らの様子を見て業を煮やし、忍城の出城である皿尾城を攻めて、士気を高めようとしたものと思われる。

田口新吉氏の論文「成田氏長について」によると、水攻めの堤防は六月十三日に着工され、七月四日、五日には完成したと推定されるという。

『日本戦史・小田原役』によれば、その堤防は高さ約一・八メートルから三・二メートル、幅は底辺で約十・八メートルあったという。

現在、堤防跡は「石田堤」として行田市などにその一部が残されているが、それは元荒川の自然堤防上に築かれており、推定される高さは約三・二メートルとされている。

筆者も行田市にあるこの遺構を訪ねてみたが、場所によってはまだしっかりとした形で残っており、城の土塁のような印象を受けた。

事実、堤の中には土を叩いて強度を増す版築《はんちく》の手法が取られたものもあり、それはまさに城の土塁と同じ工法で、予想以上に丁寧に作られているとの感がした。

さて、堤防の高さや幅を見る限り、三成が築いたものは紀州太田城、備中高松城のものと比べて決して大きいとはいえない。

だがこの堤防は、その二つと比べて決定的に大きく異なるところがあった。それは堤防の長さである。

水攻め史上最大の堤防

何とこの堤防は全長十四キロもあり、紀州太田城の約三倍、備中高松城の約四倍もの長さを持った、水攻め史上日本最大の堤防であった。

ちなみに、計算では、備中高松城水攻めの際に築かれた堤防に使われた土砂の総量を運ぶにはダンプカー延べ六万四千三百二十九台が必要で、それを一日に換算すると一日あたり五千三百六十一台が必要になるという(市川俊介『備中高松城の水攻め』)。

忍城水攻めの堤防はそれの約四倍である。これがいかに大規模な工事であったかが、それだけでも分かるというものである。

三成は作業を昼、夜に分け、区画ごとに堤を築かせたという。そして、作業に従事する者には破格の賃金を給すとしたお触れを出したり、近郷の名主に命じて、工事の人足となるべき農民などの住民を大量に募集した。

工事には一万の人足が必要になるため、三成は現在の埼玉県熊谷市、鴻巣市、吹上市にまで範囲を広げて名主を動員し、人を集めさせたという（田口新吉「成田氏長について」）。

こうして何とか人足は確保され、彼らはもっこ、鍬《くわ》などを持参して現場に集合し、この築堤の大工事にあたることになった。一万の人足が昼夜を分かたず働く工事現場は、まさにすさまじいまでの熱気と活気で満ちていたことであろう。また、それは間違いなく日本一の築堤工事であった。その様子は忍城の城内にも伝わり、城内には大きな動揺が走ったに違いない。

一説には、賃金の高さに、忍城に籠もる農民たちも密かに城を抜け出して工事に従事し、賃金を受け取ると何食わぬ顔をして城に帰っていったというが、彼らが攻城軍の厚い包囲網をくぐり抜けることは難しかったに違いない。もしそれが事実なら、庶民のたくましさをここに見る思いである。

先の田口氏の説に従えば、築堤工事は約二十日間で終了したことになる。これは土木量の多さから見ると、驚異的な早さであった。何せ道具は鋤《すき》や鍬で、土砂を運ぶのもすべてを人の手で行ったわけである。

水攻めをあきらめない秀吉

だが、堤防工事が終わったと推定される七月四日、五日にはすでに北条氏は秀吉に降伏しており、六日には小田原城も家康の手に引き渡されている。

もはや、忍城が豊臣軍と戦う大義名分は何もなくなってしまった。豊臣軍も、この時点で忍城を水攻めにする理由はなくなってしまったはずである。

だが、依然として三成らは水攻めの準備を行っていた。そこには、小田原城開城の報は伝わってはいなかったのであろうか。

そうではない。水攻めは小田原城の開城に関係なく実行しなければならない秀吉の専決事項だったのである。

秀吉は七月六日に上杉景勝、前田利家らに書状を送っているが、そこで、北条氏が降伏したこと、小田原城に秀吉の軍が入ったことを伝え、「景勝らは忍城に早々に向かい、堤を堅固にするように。自分は十四、五日には岩付まで出向くので、そのとき、堤を見物するつもりである」と述べている。

そこでは、秀吉は「水攻めのための堤防が完成した」との報告を受けていたのであろうか。近々水攻めを見物することに強い意欲を示している。

五月に石田三成に宛てた書状の中で、秀吉は「堤の普請が大方できたら使者をよこしなさい。自身も堤を視察する」と、早くから堤防の完成を待ち望んでいた。

ここから、秀吉は小田原北条氏攻めの一環として忍城を攻めたのではなく、ただ水攻めをしたいがために、そのターゲットとして、関東の数ある城の中から忍城を特別に選んだのではという疑念が起きてくる。

堰き止め工事に失敗した三成

だが、堤防は完成したが、この時点でも忍城の水攻めなどできる状況にはなかった。

それは荒川を堰き止めるという工事が難航していたからである。

いったい、水攻めというのは堤防を築いただけでできるものではない。そこに川を堰き止めて水を入れるという作業が加わって初めて、城の周囲を水没させることができるのである。そして、この川を堰き止めるという工事が水攻めにおける最大の難工事であった。

備中高松城水攻めの際も、船三十艘に石を積んで川を塞いだとも、二千人が手をつなぎ合わせて水中に入り、川の水勢を減らして、下流に土俵を積んで堰き止めをしたともいわれている（市川俊介『備中高松城の水攻め』）。

また、その堰き止めには二十日間を要したという。

先にも述べたように、高松城水攻めに使われた足守川は川幅が通常十八メートルといわれているが、それでもこのような規模の工事が必要となるのである。

三成らが堰き止めようとしていた荒川（現在の元荒川）の当時の川幅は五〇メートルほどと推定され足守川の三倍はあり、思いもよらないほどの大工事であったことは容易に想像できる。

ここに、七月八日に秋元長朝が浅野長吉に宛てた書状がある。

それは、秋元長朝が熊谷まで出張して、竹木などを切って、囲い堰の準備をしていることを長吉に報告したものである。

秋元長朝というのは深谷城（埼玉県深谷市）主上杉氏憲の重臣であり、田口氏によれば、この書状はその秋元長朝が荒川堰き止めの工事奉行となって熊谷まで出張し、工事を指揮していたことを示すものだという（「成田氏長について」）。

　ここから分かることは、まだ、この時点でも荒川の堰き止めは難航しており、秋元長朝が新たな工事奉行に任命され、それを請け負うことになったということである。

　また、田口氏はこの秋元長朝が三成ではなく浅野長吉に報告していることから、秀吉は奉行として三成に対する不信任を表明していたとの、鋭い考察を示されている。

　三成は堤防は完成させたものの、荒川の堰き止めには失敗し、そのことで秀吉が浅野長吉に命じて、地元の秋元長朝を起用させたのではなかろうか。

世界最大の水攻め

　しかし、そこまでして、なぜ秀吉は最後の最後まで水攻めにこだわらなければならなかったのであろうか？

　実は、この城の水攻めというのは世界でも大変珍しく、現在知られているのはたった五例であり、そのうちの三例が秀吉が行った備中高松城攻め、紀州太田城攻め、武蔵忍城攻めであったというから、水攻めという秀吉のアイデアがいかに奇抜なものであったかということが分かる（市川俊介『備中高松城の水攻め』）。

　ちなみに残りの二例というのは、一つが中国の春秋戦国時代（今から約二千五百年前）に行われた晋陽城水攻めで、晋陽城を攻め落とし、その領地を奪わんとした知伯が城の周囲に堤防を作り、水を溜めて城を水没させようと企てたが、内部に裏切り者が出て果たせなかったというもの。

そしてもう一つは、備中高松城攻めの前年(一五八一)、オランダのスペインからの独立戦争の最中に、アムステルダムのオランダ軍が敵スペインの城の周囲に築かれていた堤防を壊し、敵を海中に葬ったというものである。ここでは堤防を築くのではなく、壊すことで勝利している(『同』)。

以上からも分かるように、秀吉が行った水攻めは世界史的にも類を見ない奇抜な作戦で、世界広しといえども、秀吉しか行えないものであったことは言うまでもない。

もし、忍城の水攻めが成功していたら、それは間違いなく日本史上、いや世界史上最大の水攻めになったことは間違いない。

忍城水攻めは、小田原城の前面の山にわずか八十日間という驚くべき短期間で築いた石垣山一夜城と並び、無敵の天下人関白秀吉の力を満天下に示す一大シンボルであり、モニュメントであるはずであった。

だから秀吉は、それに最後までこだわり続けなければならなかったのではなかろうか。

忍城水攻めはなかった

しかし、秀吉の次の日程は迫っていた。秀吉は小田原から次は奥羽平定に向かわねばならなかった。

秀吉は十七日小田原を出発したが、その三日前十四日に忍城が秀吉軍に引き渡された。だが、忍城籠城軍は水攻めに屈したのではなかった。

彼らは堤防が完成し、川が堰き止められるまで、蛇に睨まれたカエルのようにひたすらじっと待たされ続けたのであった。そして、荒川堰き止め工事の最中にこれもまた秀吉の都合で、水攻めは中止され、開城させられたのである。まさに、彼らは秀吉の水攻めへの思い入れから降伏も開城も自らの意志で行うことを許されず、忍城水攻めは彼らをただ翻弄しただけの幻の計画に終わってしまったのである。

こんなこっけいな戦いなど日本史上いったいどこにあったというのだろうか。

田口新吉氏が「石田三成の忍城水攻めも、忍城総攻撃もなかった」(「成田氏長について」)と結論付けられているように、忍城水攻めは最後まで幻の合戦に終わってしまったのであった。

戦下手にされてしまった三成

しかし、この忍城水攻めは『関八州古戦録』等の書では、実際に水攻めが行われ、それに城側が激しく応戦するとともに、堤防の一部が決壊し、秀吉軍に多くの犠牲者が出、さらには城の周囲がよりいっそう湿地帯となって、三成らがかえって忍城を攻められなくなったこと等が記されている。

忍城水攻めは、三成の戦下手を示す象徴として今日まで長く語り継がれてきた。だが三成は、秀吉すらやったことのない日本最大の水攻めの堤防を築くという大工事をやってのけた。そこからは彼の能力の高さが分かる。

しかし、荒川堰き止めはいかに知恵者三成であっても、とても秀吉が求める期限内には無理であった。そこで、工事の指揮は秋元長朝の手に移ったが、それでも無理で、とうとう水攻めは諦めざるを得なくなったのであろう。

ここにおいて、責任は三成が一人背負うことになり、そこから三成が水攻めに失敗したという伝説が広く流布し、今日伝えられるような形になっていったのではなかろうか。

しかし、たとえ秀吉が現場にいたとしても、荒川の堰き止めという大工事は果たして成功していたであろうか。もし、荒川が無事に堰き止められ、水攻めが成功していれば、それは秀吉が行った歴史上最大の水攻めとしてこれまた長く世に語り継がれていったことだろう。

いつの世でも、責任を取らされるのは、その命令を忠実に執行しようとした現場の執行官である。三成の場合は、江戸時代を通じて悪人とされたイメージがそれに加わって、戦下手の無能な指揮官とされていったのであろう。

成田氏長の内通はあったか

『忍城戦記』によれば、秀吉はこの北条攻めにあたり、小田原城に入城していた忍城主成田氏長に対して、六月二十日に祐筆山中長俊に書状を書かせ、それを氏長のもとに送らせたという。

そこでは、忍城の開城を勧告し、氏長もこの提案に同意し、秀吉に取り次ぐよう山中に依頼した。秀吉が山中長俊を使ったのは、長俊と氏長が普段から連歌愛好の友として親しかったからであるという。

ここでは氏長は秀吉に内通したということになり、『忍城戦記』には、その文書も記されているが、筆者は秀吉はそのようなことはしなかったのではないかと思っている。それは何度も言うように、忍城は初めから水攻めが決まっており、六月二十日は築堤工事の最中で、その時期に氏長を内通させ、城を開城させることなど秀吉は望んではいなかったと思われるからである。

筆者が氏長の内通がなかったであろうことのもう一つの理由として挙げるのは、忍城開城後、氏長は城に戻ることを許されず、そのまま城と領地を取り上げられてしまったことである。もし、氏長が本当に内通していたら、秀吉はもう少し寛大な措置を取っていたのではなかろうか。

秀吉の措置は忍城が開城勧告に応じず、いたずらに豊臣軍に反抗したという大義名分のもとに行われたものであったのではなかろうか。

それはまさに水攻め失敗の原因をすべて城側に押しつけ、自らの威厳を守ろうとする権力者のご都合主義のもとに行われた裁定であったとも取れる。

氏長は、それまで先祖代々何代にもわたって守り通してきた領地と城をすべて失ってしまうことになった。まさに成田家は水攻め失敗の犠牲、生け贄《いにえ》とされたのであった。

秀吉にとって、こんな小城の一つ、関東の小名成田家一つ潰すことなど何の痛みも感じなかったことだろう。

だが、古くは源平の時代から、そして戦国時代は上杉謙信までも向こうに回して先祖が守りぬいてきた領地を守り通すことのできなかった氏長の胸の内は、どんなに無念であったろう。その心境は想像に余りある。氏長はここに世の転変のはかなさ、空しさを見る思いがしたに違いない。

それは、父の戦いをそばでずっと見続けてきた甲斐姫も同じであったろう。

ここから、成田家は忍の地を離れ、流浪の旅に出ることになった。

会津に向かった氏長

ただ、流浪といっても、成田氏長と実弟の泰親をはじめその家族、一族らは蒲生氏郷に預けられることになり、氏郷が秀吉から新たに拝領した会津（福島県）に行くことになったという。もちろん、それには甲斐姫も同行したことであろう。

『龍淵寺本成田系図』によれば、忍城城代であった泰季の嫡男長親は、のちに氏長と不和になり出奔して出家、自永斎と号した。晩年は尾張に住み、慶長十七年（一六一二）十二月四日に六十七歳で死去したという。子孫は、尾張藩士として続いている。

成田家は一族家臣すべてが氏長に従って会津に行ったわけではなく、土地を離れずにそこに土着して農民になる者や、そのまま城に残って新たな領主となった家康の四男松平忠吉に仕えるようになった者もいたという。

「宇津そみのよはひしあれば荒川の　あらき浪間を漕かへすかな」

これは、『成田記』にある、氏長の実弟泰親の妻が詠んだという歌である。

泰親の妻は、忍を出て会津に向かう途中、荒川にさしかかるとき、そこから忍城を眺めながら詠んだという。

「できることなら、もう一度荒川を漕いで渡ってでも、忍に帰りたい」

ここには、そんな気持ちがあふれている。先祖代々住み慣れた地を離れ、陸奥《みちのく》へ向かう彼らはどんなに心細かったことであろうか。きっと何度も何度も振り返り、だんだん小さくなっていく忍城を見ながら涙したに違いない。

成田氏から城と領地を没収した秀吉は、小田原攻めの終了からほぼ一か月後、忍城開城から約三週間後の八月九日、会津黒川城に入り、奥羽の仕置きを行った。

そこでは、山形の最上義光《もがみよしあき》、秋田の秋田実季《さねすえ》などの所領を安堵し、小田原に参陣しなかった葛西《かさい》晴信、大崎義隆、白川義親らの所領を没収した。

そして、伊達政宗から没収した会津と白河、岩瀬など四郡を蒲生氏郷に、大崎、葛西十二郡を木村吉清父子に与えた。この葛西、大崎、白河などの領地は、まさに伊達政宗の勢力圏にある土地であった。

秀吉は奥州に豊臣勢力を送り込み、伊達勢力の解体とその力を殺ぐことを目指したのである。

秀吉は、屈服したとはいえ、伊達政宗に警戒の目をゆるめてはいなかった。そして、その伊達を監視するために会津に送り込まれたのが、蒲生氏郷であった。そのため、氏郷は会津に入ると伊達に対抗すべく、至急諸城を整備する必要があった。

さらに、氏郷は九十二万石の大大名になり、領地も大きく増えたことから、家臣団の整備にも取り組まなければならなかった。

蒲生氏郷に取り立てられた氏長

そこで、氏郷はかつて北条氏のもとにあって関東で名をはせた成田氏長を自らの家臣団に組み込み、その戦力とすることにした。

氏郷時代の『蒲生家分限帳』によれば、成田下総守八千石、成田左衛門二千石とあることから、成田家当主氏長とその実弟泰親に、合わせて一万石の所領を与えていたことが分かる。

氏郷は二人を重臣として遇し、蒲生家の貴重な戦力とするつもりであったのであろう。ただ、これだけの所領を授ける以上、彼らにそれなりの城を与えなければならないが、氏郷が氏長に与えたと思われるその城は不明である。

『成田記』には、氏郷が氏長に会津を守る要害である福井城を与えたとある。会津若松近辺にはそのような城は実在せず、『成田記』の創作かと思われたが、『成田記』がその依書の一つとした『真書太閤記』の一書『重修真書太閤記』には、氏郷は氏長に「福井」という小城を守らせたとあり、その後に氏長の居城を「福良《ふくら》の城」と述べている箇所がある。

ここでは「福井」と「福良」を混同しているとも思われるが、実は「福良の城」というのは福島県の旧安積《あさか》郡湖南村、現在の郡山市に実在する城であり、『真書太閤記』がいうように小城ではあるが、関東から会津へ抜ける白河街道に沿った要衝の地に築かれており、会津若松にとって重要な防衛拠点といえる城である。

筆者は一昨年、偶然にもこの城跡を訪ねているが、城は猪苗代湖《いなわしろこ》に面した小山の先端部に築かれており、その周囲はかつて湿地帯であったことが推定され、忍城に似た立地条件を持っていると感じた。

当時は城の眼下に猪苗代の湖を見渡すことができ、眺望はよかったことであろう。また、周囲は湿地帯ゆえ、小城ながら攻めるのは難しかったに違いない。

蒲生氏郷像
（会津若松市立会津図書館蔵）

ただ、規模は基本的には郭が二つあるだけの城で、忍城とは比較できないほど小さい。さらに、「福良」という地域はその周辺をも含んでいたと思われるので、他のいくつかの城も合わせて考えなければならないと思われる。

福良鶴城 本丸跡（福島県郡山市）

ただし、この城に氏長らがいたという確証はどこにもなく、ここでは一つの可能性にとどめておきたいと思う。

こうして、氏長、甲斐姫らはとりあえず領地と城をもらい、会津に落ち着くことになった。

氏長は八月、奥羽出陣中の徳川家康に陣中見舞いを送り、九月十八日に忍城を預かっている松平家忠に書状と樽酒や蒔絵の重箱を送っている。

松平家忠は家康の家臣として忍城に入ってはいるが、忍城の正式の城主は家康の四男忠吉で、家忠は駿河（静岡県）沼津城主である忠吉が忍城に移ってくるまで、一時的に城を預かっていたのであった。

その松平家忠は氏長と同じく連歌を嗜み、氏長にとって同好の友であった。そんな家忠が氏長のかつての居城忍城に赴任したことを聞いて、氏長は懐かしさと郷愁を覚え、手紙をしたためたのであろう。

　氏長自身、まだ会津に赴任したばかりだと思われるが、友に書信を送れるほどの心の余裕ができたのであろう。

　しかし、会津はこれから厳寒の冬を迎え、そこには、忍では経験したことのない深い雪が氏長らを待ち受けていた。

伊達政宗襲来の噂

　そんな中、奥羽では検地をはじめとする秀吉の政策に反抗する一揆が各地で勃発し、蒲生氏郷は席を温める暇もなく、その鎮圧に出陣しなければならなかった。

　一揆は奥羽、特に葛西・大崎地方で激しい抵抗を見せていた。これは、新たに領主として入った木村吉清父子の悪政に対して、在地の武士や領民たちが起こした反抗であった。

　だが秀吉は、この地方に大きな影響力を持つ伊達政宗がこの一揆の背後にいるとの疑いを持ち続けており、蒲生氏郷に伊達政宗を先鋒として一揆の鎮圧にあたるよう命じていた。

　秀吉は政宗がその際どう行動するかで、その心底を見極めようとしていたのである。

　一揆はやがて木村父子を佐沼城に閉じ込めるなどして気勢をあげ、氏郷は秀吉の命に従って政宗に一揆鎮圧の先陣を求めた。だが、政宗の動きは鈍かった。

そこで、氏郷はこの一揆の背後に政宗がいると確信し、それを秀吉に伝えるとともに、政宗と同一の行動を避けた。

『氏郷記』によれば、そんな中、会津ではある事件が起きていたという。

厳寒の十二月十二日、氏郷が佐沼城に救援に行っている留守に、伊達政宗が会津に攻めてくるとの情報が寄せられたのである。

会津若松の北にあって要衝塩川城を預かる蒲生喜内は、会津若松に早馬を立てて、「今夜遅くにも政宗が攻めてくるとの情報がある、急ぎ加勢を頼むべきである」と伝言した。

そこで、留守を守る重臣たちが話し合って、かつて武蔵忍城の城主であった成田氏長らが適任であろうということになり、氏長に使いを出すと、氏長は加勢を承諾してすぐに準備を始めたという。

するとそこに「政宗の来襲は今夜ではなく明日になりそうだ」との知らせが再び塩川城から届き、氏長らは今夜の出発を止めて、明日の早朝立つことになった。

そのころ会津若松の城下は、伊達政宗が攻めてくるというので大騒ぎで、家財道具を持って逃げ惑う人々であふれていた。

翌日、氏長らは塩川まで兵を率いてきたが、政宗が攻めてくることはなかった。これは、政宗が計画を見破られたのを知ったか、それとも後のことを考えて思いとどまったのではないかと思われた。

これが『氏郷記』にある成田氏長出陣についての概要である。

浜田将監の謀反《むほん》

だが、『成田記』『真書太閤記』はこのとき、成田氏にさらに別の事件が起こっていたことを伝えている。

氏長らは出陣にあたって、蒲生家から添えられた（『真書太閤記』では家老）浜田将監兄弟に留守を守らせていたが、彼らが氏長の留守に乗じて謀反を起こし、城を乗っ取ろうと本丸まで攻めてきたのである。

突然の浜田の来襲に、家臣たちも奮戦したが次々と討ち取られ、病床にあった氏長の妻も家来に背負われて城を脱出しようとしたところを殺されてしまった。

これを聞き付けた甲斐姫は「鎧を肩に打ちかけ、長刀とって打ち出て、向かう敵を切り散らして」（『成田記』）、本丸奥の間に行ったが、そこで母が殺されたことを聞き、浜田兄弟を討ち取らんと二人の後を追った。だが、武勇名高い甲斐姫に恐れをなした浜田兄弟は、甲斐姫と戦うことを避けるばかりであった。

甲斐姫は態勢を整えるため、いったん城を脱出したが、それを知った浜田弟が今度は二百余人を引き連れ、甲斐姫を討ち取るために松明《たいまつ》を灯《とも》して後を追ってきた。

「甲斐姫主従も、松明を見て、逃げられぬ所、潔く討死して母の死出のお供せんと、僅か十余人、浜田勢に押し向かう」（『同』）と、成田の家臣たちは甲斐姫を守るために、懸命に浜田勢に立ち向かい、甲斐姫自身も奮戦し、敵を次々と倒していった。

「中にも甲斐姫の働きは、つばめの水上をひらめく様に、敵はたちまち崩れ、屍は塁々となっていった」（『同』）

この勢いを見た浜田弟は馬を飛ばして逃げようとしたが、甲斐姫はこれに追い付き、「長刀の石突で胸板を」突き、浜田弟は馬より真っ逆さまに落ちた。そこを「甲斐姫打ち笑みながら首打ち落」とした。大将が討ち取られたので、雑兵《ぞうひょう》は震えて木の葉を散らすように逃げていった。

しかし、浜田将監は依然として城にいる。

浜田将監の最期

このころ、伊達政宗を待ち受けていた氏長らは、政宗が攻めてくる気配はないので、いったん会津若松に引き上げようとしていた。そこに、浜田兄弟が謀反を起こし、妻が殺されたとの報が寄せられた。しかも甲斐姫の行方《ゆくえ》は分からないという。

氏長らが帰路を急ぐと、若松からの道筋に甲斐姫が待っており、母の最期や浜田の謀反など詳細を伝えた。

それを聞いた氏長らは大いに悲しみ、一刻も早く彼らを討って、亡き妻の亡骸《なきがら》にたむけたいと心を決めたところに、会津若松から加勢の兵五百余騎が到着した。これに勢いを得た氏長らは城に駆けつけ、城を囲んだ。

一方、浜田将監は会津若松からの道筋に野武士・山賊を伏兵《ふくへい》として送り、そこを通る氏長らを急襲する手はずを整えていたが、急に氏長らが兵を率いてきたのでうろたえた。

氏長らは大手を破り、城に入ろうとしたので、浜田将監は搦《から》め手から討って出ようとしたが、ここも兵に囲まれていたため、東の木戸から逃げ出そうとした。だが何とそこには甲斐姫が手に長刀《なぎなた》を持ち、馬に乗って待ち受けていた。

「甲斐姫、浜田を見ると大いに悦《よろこ》び、逆賊将監、母の敵思い知れと、名乗りを上げて馳せ寄る」(『成田記』)

将監も「もう逃れられない」と覚悟を決め、「小尺《こしゃく》な女かな。将監冥土の伴にせん」(『同』)と太刀を振るって死にもの狂いで戦ったが、甲斐姫も馬上で長刀を振り回しこれに応戦した。

やがて、力尽きた将監は太刀を甲斐姫によって打ち落とされ、腰の刀に手をかけたところで甲斐姫がすかさず長刀で将監の右腕を切り落とし、ついに生け捕りにした。大将が敗れたことを聞くと、加担した野武士、山賊ら残党は逃げ出してしまった。

この浜田の所業に怒った蒲生氏郷は、その背後に伊達政宗がいると推量し、浜田を責め立てたが口を割らないため、最後は福井の城外で磔《はりつけ》にしたという。

以上が『成田記』が記す浜田兄弟謀反事件のいきさつである。

甲斐姫を詳細に語る『真書太閤記』

先にも述べたように、この話は細かい部分は少し異なるものの『真書太閤記』にも載っており、当時、このような話が伝わっていたことが分かる。

『真書太閤記』では、甲斐姫のことを、「当年十九歳で容貌すぐれ、傾国の美人であり、音曲和歌の道ばかりではなく武術にも達し、力も強い」と、そのスーパーウーマンぶりを述べている。

『成田記』が『真書太閤記』を一つの依書にしていることは先に述べたが、興味深いのは『真書太閤記』が甲斐姫の話を詳しく収録しているという点である。

同じ「太閤記」でも、他のもの、例えば『絵本太閤記』や『甫庵《ほあん》太閤記』などには、甲斐姫の話などどこにもないが、なぜか『真書太閤記』は甲斐姫に多くのページを割いているのである。

『真書太閤記』は江戸中期以降の安永年間（一七七二～一七八一）に大坂の講釈師の口演を筆記したという『太閤真顕記』をもとに、『絵本太閤記』や『甫庵太閤記』、竹中重門の『豊鑑《とよかがみ》』、林羅山の『豊臣秀吉譜』などを参考にして、栗原柳庵という人物が編集し、幕末の嘉永五年（一八五二）に二編が刊行され、明治に入って十二編が完結したものであるが、その内容は史書としては疑わしいとされている（桑田忠親『豊臣秀吉』）。

確かに、甲斐姫の武勇伝などはまさに講釈師の舌から生み出されたという感じがしないでもない。しかし、甲斐姫に関する話がいったいどんな資料をもとにして構成されているのかということについては、ここでも分からない。

浜田将監謀反事件は真実か

浜田将監なる人物は蒲生氏郷や成田家の分限帳には見当たらず、両家にそのような人物がいた形跡はない。さらには、かつて現在の福島県喜多方市にあった塩川城にすぐに駆けつけられるような位置に、福井城という名の城はまったく見当たらない。

仮にそれが、前述したように、福良の城であったとしたら、会津若松の手前にあり、塩川とは直線距離で三十五キロと何とかぎりぎり駆けつけられないこともないが、旧暦十二月は福良周辺は豪雪であったことが予想され、雪に慣れていない成田氏が峠を越えて簡単に救援に駆けつけられたとは思えない。

また、福良の城の本丸は、とても奥の間のある広い建物が建つような面積はない。

それに、『上野国田口氏家伝』には、成田氏長の妻は自らの死にあたって周囲の者を呼んで、「わらわは常に和歌を愛する故、近隣諸士の内室で歌道を好む者を招いて歌会を催してほしい」と遺言し、それにより、近隣諸士の妻で和歌を嗜《たしな》む者十余人を招いて、三日間歌会を催したという話が載っている。

後に述べるように、氏長も和歌、特に連歌をこよなく愛しており、妻共々和歌を楽しんだことは大いに考えられる。

もしこの話が真実だとしたら、氏長の妻は『成田記』に述べられたような死に方をせずに、往生したことになる。

このように、『成田記』や『真書太閤記』が描く甲斐姫武勇伝の内容は、史実とは言い難い点が多いが、筆者はそれらの内容が真実か否かという議論をする前に、この話が次につながる大きな伏線となっていることに注目したいのである。

それは、この甲斐姫の武勇伝が、秀吉が甲斐姫を側室とする話の伏線となっている点である。

秀吉はなぜ甲斐姫を側室にしたのか

というのは、『成田記』の最後第九巻はここで終わっているものの、『真書太閤記』では、この甲斐姫の武勇伝を聞きつけた秀吉が甲斐姫に興味を持ち、甲斐姫と対面し、そこで、甲斐姫の美貌と聡明さに惹かれ、甲斐姫を側室にするという話になっているからである。

それによれば、奥州仕置きを終えた秀吉の甥秀次らは会津から関東武蔵に入り、徳川家康に会って、東海道を通って京都に無事に帰還した。彼らはすぐに聚楽第に行き、秀吉に帰還の報告と奥州での出来事、特に会津での騒動で成田氏長らが逆賊を無事に討ち果たしたが、そこで氏長の娘が比類なき働きをしたことなどを語った。

それを聞いた秀吉は、「その女は武士勝りと呼ばれ、昨年の忍城の戦いにおいても軍勢を率いて勇猛な働きをしたまさに希代の女である」と言って、大谷吉継に命じて氏長の娘を京都に招き、氏長も上京するようにと言い渡した。

そこで、吉継は会津に早馬を出し、蒲生氏郷に秀吉の命を伝えると氏郷も了承し、氏郷から氏長にその旨を話して、上京の用意をさせた。甲斐姫は百余騎、さらには氏郷から付けられた二十騎に伴われて京へ出発し、後に氏長らも続いた。

甲斐姫は道を急ぎ、無事に京都に着いた。吉継がそれを秀吉に報告すると、秀吉はちょうど諸将たちと酒宴を行っており、そこに甲斐姫を召すことになった。

甲斐姫が着物を着替え、化粧も直し、行儀正しく平伏していたところ、秀吉は「もっと近くに来るように」と言葉をかけた。甲斐姫は最初はためらっていたが、秀吉の再三の言葉を拒むことができずに、やっと顔を上げて秀吉の顔を拝んだ。これを見た秀吉は、「その容貌美麗なること世に比類なく、朝顔の露を含めるようで、世にも希な美人である」と心を移したという。

酒宴が終わると諸将は帰っていったが、皆、「あのような武勇の女を妻にしたいものだ、そうすれば勇敢な子も生まれよう」と思ったが、何せ秀吉が召した女であるので、誰もそれを言い出す者はなかった。

そうこうするうちに、秀吉は酒宴にたびたび甲斐姫を召し、甲斐姫はそこで舞を舞い、即興の詩歌なども披露したので、秀吉の寵愛《ちょうあい》は日に日に深まって、ついに愛妾としてしまった。

成田氏長兄弟が上洛すると、秀吉はさっそく謁見し、御家人同様に扱い、翌年には氏長に三万石を授け、下野《しもつけ》烏山の城主とし、弟左衛門にも五千石を授け、家康の旗本とした。

以上、『真書太閤記』の描く甲斐姫が秀吉の側室になるまでのいきさつである。

氏長、大名昇進の謎

ここでは、氏長も秀吉に召されて、大名に取り上げられているが、その理由は会津の事件での活躍が評価されたことに加えて、娘甲斐姫が秀吉の愛妾になったことにある。

このことから、会津での事件がなかったら、甲斐姫も愛妾になることはなく、氏長も大名になることはなかったといえる。

この中で唯一史実として確認できることは、氏長が忍城を失った翌年の天正十九年

（一五九一）に下野烏山城（栃木県那須烏山市）主に秀吉から二万石（『真書太閤記』等にいう三万石は誤り）をもって任ぜられていることである。

これについては、『氏郷記』にも、「その後、会津家中より成田下総兄弟は上へ召し出され、下野烏山にて二万石を下さったと聞こえし」と、氏長らが秀吉に召し出され、下野烏山において二万石を授けられたことを伝えているが、その理由については一切言及していない。

ただ、秀吉の気まぐれで、一度落ちぶれた成田氏長が突然大名に取り立てられるはずはなく、やはりここには相当な理由、例えば愛妾となった甲斐姫の嘆願などその尽力があったと見るべきであろう。

甲斐姫側室のもう一つの謎

だが、甲斐姫が秀吉の側室になるという話はこれだけではなく、別の話も伝わっている。『関八州古戦録』によれば、秀吉が小山《おやま》（栃木県小山市）の白々塚《とどつか》（現在の土塔）に立ち寄ったとき、那須の岡本清五郎が、氏長の娘が美しくしかも剛毅《ごうき》で忍城の合戦で活躍したと噂しているのを聞き、密かに召して会った。

その後、京都に帰ってから会津に飛脚を送って、氏長の娘甲斐姫を側室にしたいので上

平群山より那須烏山市内を望む（栃木県那須烏山市）

京させるよう伝えた。

大谷吉継からの奉書も届いたため、蒲生氏郷は侍女や下女多数をつけて成田家の家人吉田和泉守を介添えとして騎馬武者十人、足軽二百七十余人で十二月二十九日に娘を大坂へ送った。その後、この娘（甲斐姫）の訴えにより、秀吉は氏長に烏山三万石を下さったという。

また、新井白石が著した『藩翰譜《はんかんふ》』によれば、北条氏が滅び、秀吉が奥羽に向かっていたとき、氏長の妹が無双の美人だと聞いて、下野小山の百々塚の御陣に召してから、寵愛を深くした。

この妹が折りにふれて兄のことを嘆いているのを聞いた秀吉は、氏長を召し出して下野烏山の城を与えたのだという。

ここでは娘であるはずの甲斐姫が妹に変わっている。

また、不思議なことに、これと同様な話が『真書太閤記』にも載っている。

それによれば、成田氏長は浪人して下総（下野の誤り）百々塚に住んでいたが、秀吉が小山に立ち寄ったとき、氏長の妹を陣中に召し、寵愛するようになった。その娘がしきりに秀吉に兄のことを嘆き訴えるので、秀吉は那須烏山三万石の地を与えた。これは成田の娘とも言われているという。

『真書太閤記』が甲斐姫について二つの異なる話を載せているのは、それがいくつかの資料をもとにしているからで、当時も甲斐姫が秀吉の側室になるいきさつについては二つの話が伝わっていたものと思われる。

極めつけは、「小山の伝説」として地元に伝わっている話である。そこでは、氏長は秀吉の処罰を免れて住み慣れた忍城を出、家族と共に小山の百々塚に流浪の身をかこっていた。そこに、秀吉が奥州からの帰途、小山に逗留することになり、側近の者が関白である秀吉を接待するのにふさわしい女性を探したところ、那須の岡本清五郎という者が「すばらしい美人がいる」と噂しているのを聞きつけ、その女性をさっそく召し出した。

その女性は美しいばかりか気品と教養もあったので、秀吉はすっかり気に入り、身元を尋ねると、今は浪人しているかつての忍城主成田氏長の娘であった。秀吉はそんな氏長と娘を不憫に思って、氏長を下野烏山三万石の領主に取り立ててやったという。

甲斐姫側室の真実

これらの話に共通するのは、まず一つは、氏長が城と領地を失って流浪の身となり、下野小山の百々塚に住んでいたということ。そこではまだ氏長は蒲生家に召されて会津に行ってはいない。

二つには、秀吉が奥羽からの帰り、小山に逗留したとき、美しい娘がいると聞きつけ、召し出したところ、あまりの美しさに甲斐姫を寵愛するようになったということである。

ただ、そこでは微妙に召し出し方が異なる。秀吉が氏長の娘甲斐姫が美しく剛の者と聞いて、それを召し出したというのと、家臣たちが秀吉の接待役として美女を捜したところ、それがたまたま甲斐姫であったという二つのパターンである。

実は筆者が福島県郡山市にある郡山城を訪ねたとき、これと似たような話を聞いたことがある。それは秀吉が会津からの帰路に郡山城に寄ったとき、城の本丸に仮御殿を建てて、地元からよりどりの美女を選んで接待させたという話である。その話は四百年以上経った今も地元に伝わっている。

秀吉は会津への往復でさまざまな土地に逗留したはずで、それに同行した側近の者が地元の美女を選りすぐり、秀吉の接待をさせたというのは大いにあり得る話である。

その意味で、講談のような甲斐姫の並み外れた武勇伝の話よりも、この「秀吉の接待をさせた」という話のほうがある意味、信憑性《しんぴょうせい》があるように思える。

甲斐姫はその美しさの評判を聞きつけた秀吉に召し出されたか、もしくは秀吉の接待をつとめる中で秀吉の目にとまったのではなかろうか。

そうだとしたら、秀吉は行く先々でさまざまな美女を目にしているわけで、その中から一人甲斐姫を選んだことになり、甲斐姫は秀吉が側室にするほどの、聞きしにまさる美女であり、聡明で気品ある女性であったと思われる。

そして共通点の三つ目は、甲斐姫の嘆願により、氏長は烏山城主として秀吉のもとで再び大名に取り立てられたということである。

しかし、考えてみれば、武門を誇る成田家にとって甲斐姫が秀吉の側室となることで家を再興したという話は決して美談ではなく、むしろ成田家の長い歴史の上ではある意味、汚点といえるものだったのではなかろうか。

だが、甲斐姫が秀吉の側室になったという厳然たる事実は隠しようがない。

そこで、氏長と甲斐姫の並み外れた武勇伝が創作され、甲斐姫が秀吉の側室になると同時に、氏長もその武勇から秀吉に取り立てられたという筋書きが作られたとも考えられる。

氏長は『蒲生家分限帳』に載っていることから、忍城を出て、蒲生家の家臣に取り立てられたことは確かであろう。

ただ、そこでも一つ疑問が生じる。それは、なぜ、氏長がいきなり高禄で蒲生家に取り立てられたかということである。

そこには、二つの可能性が考えられる。一つには秀吉の意向で蒲生氏郷に預けられる形で蒲生家に入ることになったこと、そして二つ目は、氏郷が氏長の武勇を知り、独自に取り立てたということである。

筆者はこのことについては、氏長が流浪していたときに甲斐姫が秀吉に見初められ、甲斐姫の嘆願により、まず成田家は蒲生家の重臣となり、次に大名に取り立てられたのではないかと考えている。というのは、いくらかつての忍城主とはいえ、現在流浪している者をいきなり大名に取り立てるなど、秀吉といえどもできなかったと思われるからである。

秀吉はまず蒲生家の重臣としてある程度の禄を与えさせ、次の段階で大名に取り立てたのではなかろうか。その証拠に、蒲生家に仕えた期間は一年あるかないかで非常に短い。それは、大名に取り立てるにあたって、形ばかりの奉公をさせたからなのではなかろうか。

『氏郷記』が「その後、会津家中より成田下総兄弟は上へ召し出され、下野烏山にて二万石を下さったと聞こえし」と何か他人事のような記述をしているのは、蒲生家中にはその措置に何となく納得のいかない者が多かったからなのではなかろうか。

天正十八年（一五九〇）九月、秀吉は会津から京都に帰ると、当時、京都郊外の淀城にいた淀殿に宛てて手紙を書いている。

「この二十日ごろには必ず淀に行って、鶴松（秀吉と淀殿の間にできた最初の子）を抱きたい。その夜は、そなたをもそばに寝させたいと思っているから、楽しみに待っていてほしい」とそこでは淀殿に熱烈に愛を表現している。

秀吉は会津みやげに甲斐姫を新たに側室として京都に呼び寄せる一方で、淀殿にこんなラブレターをも書いていたのである。

連歌三昧の日々を送った氏長

成田家は氏長の娘甲斐姫が秀吉の愛妾になることで、大名として存続することになった。それは当主氏長にとって先祖に面目の立つ出来事であり、何より今まで背負ってきた大きな荷物を下ろすことでもあった。

氏長はその後は秀吉配下の大名として、文禄二年（一五九三）の朝鮮出兵に際しては釜山《プサン》に渡海し、奉行の増田長盛《ましたながもり》の手に属し釜山城の普請にあたるなど、家の存続のため懸命な努力を重ね、やがて秀吉から浅野長吉の与力大名とされることになったといわれる。

だが、実際は、氏長は新たな領地である下野烏山の政務をもっぱら弟の泰親に任せ、自身は趣味の連歌に打ち込むようになっていた。そして、やがて京都に住まいを移し、そこで文禄四年（一五九五）十一月に死去している。

連歌は、和歌を分割して問答の形で二人で詠み出すという形を取る趣向から始まったものであるが、室町時代には宗祇《そうぎ》らによって芸術的なものに完成され、貴族をはじめ地方の武士にまで広がりを見せていた。

特に宗祇は自ら全国を歩いて連歌を広め、宗祇の直系の弟子宗長も忍城を訪れていること

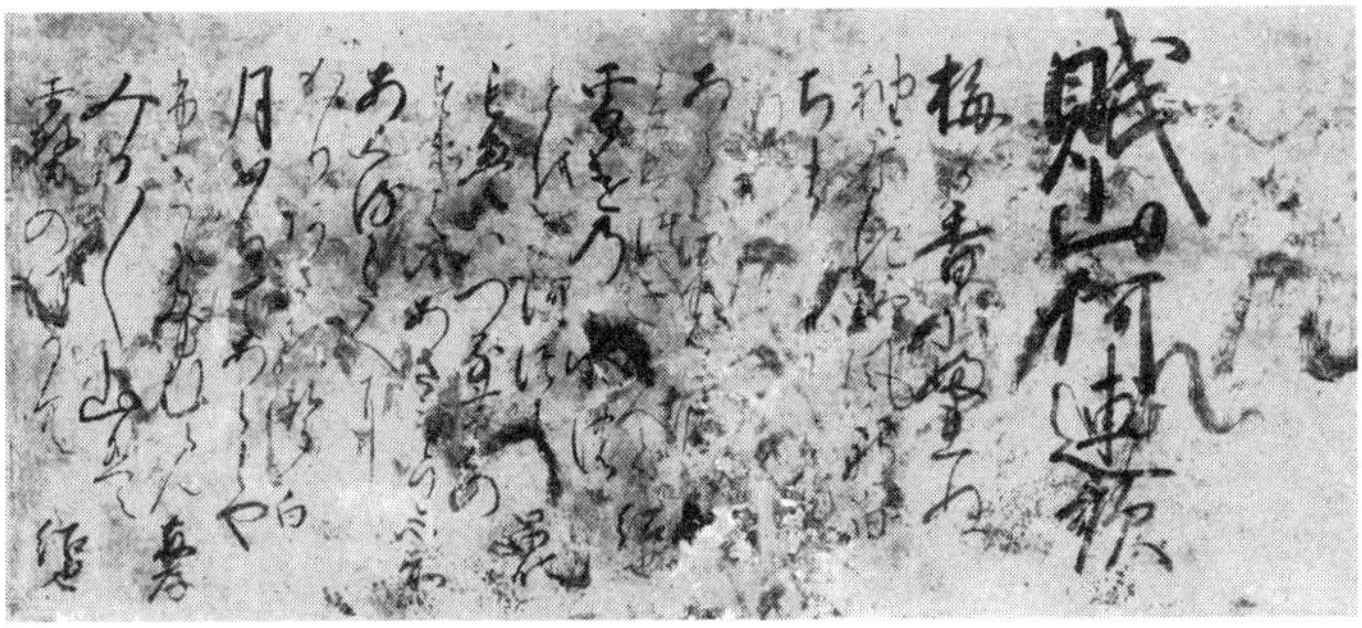

内曇紙 賦山何連歌 巻物（里村紹巴、昌叱、細川藤孝他・宮帯書店蔵）

とから、成田氏自身も連歌に深い造詣を持っていたことが分かる。

氏長も、忍城に京都で高名な連歌師兼如をはじめ多くの連歌師を招いて連歌会を開くなど、戦乱の中にあっても連歌にいそしんでいた。また、自らの作を京都の里村紹巴《じょうは》（法橋《ほっきょう》）に頼んで添削してもらっていたというから、大変な熱の入れようであった。

氏長は京都では一流の連歌師に囲まれながら連歌三昧の日々を送り、細川幽斎や大村由己《ゆうこ》らと交際するなど、文化人氏長として生きていった。その意味で、氏長の晩年は、穏やかで幸福な人生であったといえよう。

氏長はそんな生活をさせてくれた弟泰親や娘甲斐姫に、心から感謝していたに違いない。また、その間、京都に近い大坂城にいる娘甲斐姫と連絡を取り、会うこともあったかもしれない。

氏長は京都で亡くなった。享年五十四歳。遺体は京都紫野で荼毘《だび》に付されたという。

愛妾甲斐姫

甲斐姫が秀吉の愛妾として大坂城でどんな日々を送っていたかは、資史料からはまったく分からない。ただ、甲斐姫は何より自分が秀吉の側にいさえすれば、成田の家を守り通すことができるとの思いがあったのではなかろうか。

それは、一面から見れば、甲斐姫は成田家の存続のために犠牲となって秀吉の側室となった悲劇のヒロインと言えなくもないが、甲斐姫自身はそれを何より自分の役目とわきまえ、賢明な振る舞いで側室をつとめていたのではなかろうか。

ただ、秀吉の死の五か月前に行われた醍醐の花見において、歌を詠んだ女性の中に「かい」という名が見えることから、甲斐姫が慶長三年(一五九八)の秀吉の死去まで側室であったことは間違いない。

秀吉はすべての側室をそのまま手元に置いていたわけではない。例えば、体の弱かった加賀殿は暇をやって他家に再婚させているし、おたね殿にいたっては、碁の勝負で秀吉に勝った相手、伊達政宗にくれてやったりもしている。つまり、側室の生殺与奪《せいさつよだつ》の権利は秀吉が持っていたのであり、秀吉は自分の都合で彼女たちに暇を出すこともできたわけである。

その中にあって、甲斐姫は最後まで秀吉のもとにいたわけで、淀殿や松の丸殿京極龍子ほどではないにしても、秀吉お気に入りの側室だったことは間違いない。

甲斐姫の父氏長が亡くなり、嫡子のいない成田家を継いだのは弟の泰親（長忠）であった。この相続が何ら問題もなくスムーズにいったのも、秀吉の愛妾となった甲斐姫の存在があったればこそであろう。

側室たちのネットワーク

先にも述べたように、秀吉の側室は家柄がよく、美人で聡明かつ教養ある女性が多かった。しかし、淀殿は二人の父を秀吉のせいで失っているし、松の丸殿京極龍子も夫と子供を秀吉に殺されるという過酷な運命を背負っている。

さらに、京極龍子は秀吉の側室になることで実家である京極家を守り、弟高次を大名に取り立ててもらっている。

甲斐姫も秀吉の気まぐれにより、実家の成田家は先祖代々の城と領地を奪われ、自身は娘盛りで秀吉の側室にならなければならなかった。しかも、京極龍子同様、自身が側室になることによっていったんは没落していた成田家を大名に取り立ててもらうなど、その境遇はよく似ている。

そこでは、秀吉側室たちは、心に何らかの深い傷を持った存在であったと思われる。その意味で、秀吉の側室たちの間には、彼女たち自身にしか分からない心のネットワークのようなものがあったのではないかと思うのである。

我々はテレビや映画に描かれる大奥などの影響で、側室同士はそれぞれが秀吉の寵愛を競い合い、仲が悪いというイメージを抱きがちだが、実際は彼女たちはお互いに思いやっていたのではなかろうか。

松の丸殿 京極龍子像
（誓願寺蔵）

例えば、淀殿と松の丸殿京極龍子は醍醐の花見で杯の順序をめぐって争い、両者は犬猿の仲であったとされているが、最近の研究ではこの話は伝聞であり、どこまでが事実であったのか疑わしいという指摘がなされている（福田千鶴『淀殿』）。

事実、京極龍子は淀殿が「茶々」と名乗っていたころからの長い付き合いで、「茶々」の義父柴田勝家が秀吉に攻められた際、城から脱出した「茶々」を庇護し、母の京極マリアとともにその話し相手になっていたという（同）。

京極龍子は秀吉が亡くなった後も、自身は京都に住むようになるが、たびたび大坂城に淀殿を訪ね、その子秀頼ともども親しく付き合っていたとされている。

それは淀殿、京極龍子両者が共に同じような人生を歩んできたからであり、二人の間には二人にしか分からない強い心の絆があったのではないかと思うのである。

京極龍子は大坂の陣で大坂城が落城し、淀殿も死に、さらに秀頼の唯一の忘れ形見である国松がわずか八歳で処刑されると、その遺骸を引き取って自分の生前墓のすぐ隣に埋葬している。両者の墓は移転されて現在も残っているが、二つの大小の墓が隣同士で並んでいる姿は、どう見ても母と子の墓であり、龍子の豊臣家に対する深い思いを感じずにはいられない。

もし龍子が引き取らなかったら、国松は独りぼっちで埋葬され、満足な墓すら建てられたかどうか分からない。

そして、淀殿と京極龍子が通わせたそのような心の絆は、甲斐姫にもあったのではなかろうか。

伝淀殿像
（奈良県立美術館蔵）

甲斐姫が最後まで秀吉の側室をつとめられたのは、何より、彼女たちとの心の絆、そして彼女たちが心の支えになってくれたからなのではなかろうか。

消えた甲斐姫

そう考えると、秀吉亡き後も甲斐姫は何らかの形で豊臣家、淀殿らに関わった可能性はあると思われるのだが、その後の甲斐姫の消息はばったり途絶え、その行方は歴史上から完全に消え去ってしまう。

そのまま大坂城に残って、淀殿の侍女のような役目をつとめたのか、それとも大坂城を出て実家のある下野烏山に帰ったのか、もしくは父の菩提を弔って京都に住んだのか、まったく不明である。

ただ、『鷲宮町史《わしのみや》』によれば、成田家家老の先祖が氏長の子を連れて現在の埼玉県幸手市《さってし》に土着したと伝わる吉羽家には、甲斐姫からもらった秀吉の弁当箱が伝わっていたというから、甲斐姫は成田家と関係の深い関東武蔵の吉羽家との間に何らかの交流を持っていたことが分かる。

甲斐姫にとって生まれ育った関東武蔵の国は、いつまでも忘れ難い故郷であったに違いない。

淀殿を除いて秀吉が最も愛したとされる京極龍子も、秀吉が死ぬと実家である京極家に一度は戻るものの、その後、京都に出て、秀吉の菩提を弔っている。

常識的に考えれば、秀吉に夫、子供を殺され、その後、側室にまでさせられ秀吉を深く恨んでいそうなものだが、龍子は自分の中でその憎しみを克服し、最後は秀吉に感謝を捧げていたのではなかろうか。

それは淀殿も同じであったろう。

秀吉が妻の北政所に宛てた書状で「淀の者は私の気の合うように細やかに仕えてくれる」と言っているところから、淀殿も秀吉の生前は、秀吉に心から仕えていたことがうかがわれる。

二人は共に、秀吉の死後深く仏教に帰依しているが、それは数奇な人生に翻弄された自分の宿命を見つめたがゆえのことかもしれない。

甲斐姫については、秀吉死後、淀殿と秀頼付きの局やその周辺の侍女、さらには、奥に勤める女性たちの中に「かい」という名の女性が当時の文献記録を見る限りまったく見当たらないことから、淀殿周辺にいたという確証はない。

また、甲斐姫がその後の成田家の領地である下野烏山にいたという記録などもなく、しかも成田家の菩提寺である熊谷龍淵寺にも甲斐姫の墓ばかりか成田家の過去帳もないところから、甲斐姫の消息はまったく分からないというのが現状である。

秀頼の二人の子

しかし、まったくの巷説ではあるが、その後、甲斐姫が秀頼の侍女となり、秀頼の子の天秀尼の乳母となって天秀尼を支えたという話がまことしやかに伝えられている。

先に、秀頼には側室に産ませた「国松」という男子がいたという話をしたが、実は秀頼にはもう一人娘がいた。

二人はかつての天下人豊臣秀吉の直系の孫ということになる。

だが、彼らは秀吉の死の十年後に生まれたために、秀吉とは一度も会うことはなかった。

しかし、不思議なことに、彼らを生んだ母のことはよくは分かってはいない。それだけではない。二人の子は生まれた日はもちろん、生まれた年も正確には分かっていないのである。

また、名前も男子は「国松」ということは判明しているものの、女子のほうは不明である。

ただ、女の子はその後、鎌倉松岡山《しょうこうざん》東慶寺に入れられ、「天秀法泰」と名乗ったことから「天秀尼」と呼ばれているだけで、その幼名は分からない。

彼らは間違いなく、豊臣家の大切な後継者である。にもかかわらず、その生母のことも生年月日も、そして、名さえ満足に分からないというのはある意味異常なことである。

もし、秀吉が生きていたら二人は天下人の嫡孫として、一人は豊臣家を継ぎ、もう一人も天皇家もしくは徳川家などのそうそうたる大名家に嫁ぎ、何不自由ない生涯を送っていたに違いない。

秀吉はかつて朝鮮出兵の基地、肥前名護屋《なごや》城（佐賀県呼子町）にいたとき、「一日も早く伏見の城に帰って（幼児の）秀頼の口を吸いたい」と手紙を書いているが、実子秀頼でさえ、その可愛がりようである。もし秀吉が生きていたら、彼ら二人の孫をまさに目の中に入れても痛くないほど可愛がったことであろう。

豊臣秀頼像（養源院蔵）

しかし、彼らの出生については、豊臣家自身が秘密にし、絶対に外部に漏れないよう配慮していたふしがある。
いったい、彼らの出生には何があったというのであろうか。

二人の子の母は成田氏

二人が生まれたと推定される時期、つまり慶長十二年（一六〇七）から十三年（一六〇八）にかけて、父の秀頼は十五歳か十六歳の少年であった。当時の元服は十五歳とされていたことから、一応、当時の感覚では大人になったばかりということになろうか。

だが、それにしても幼い父であることに変わりはない。

秀頼はこのとき徳川家康の孫、千姫と結婚していたが、当時千姫はわずか十歳、まだあどけなさの残る少女で、秀頼にとっては妻というより妹のような感覚であったのかもしれない。

十五、六歳になり、性に目覚めた秀頼がそんな少女より、もっと成熟した大人の女性に興味を持ったとしても不思議はない。おそらく秀頼は、母親の淀殿か自身の身の回りの世話をしていたであろう女性を見初め、それを側室にしたものと思われる。

秀頼の二人の子は年子であることから、その側室は二年続けて子を産んでいたことが推定され、若き秀頼がその女性に夢中になっていたことがうかがわれる。

彼女は秀頼にとって初めての女性であったのかもしれない。

『徳川実紀』によれば、天秀尼の母は秀頼の妾(側室)であった成田五兵衛助直の女《むすめ》であるという。

成田といえば、甲斐姫の関係者ではないかとも思われるし、もしかしたら甲斐姫自身ではないかとの推測も立つが、秀頼と甲斐姫は年齢差が約二十歳あり、国松を産んだとき、甲斐姫は三十四、五歳であったことになる。

二十一世紀の現代では三十代半ばはまだ若く美しい女性も多く、そこから考えると秀頼はそんな大人の女性の色香に魅かれたのではないかと思われる方も多いかもしれない。

しかし、そのころはエステもなければ、肌を若く保つほどの化粧品もない。その意味でも、三十代半ばは当時としては大年増とされた年齢で、とても秀頼の恋愛対象にはならなかったものと思われる。

秀頼が大人の女性の魅力を感じたとしても、せいぜい少し年上程度であったのではなかろうか。

徳川家康文書研究の第一人者であった故中村孝也氏は、その著『淀殿と秀頼』の中で「秀頼の側室成田氏は生まれは伊勢の国、国司北畠氏の一族から出ているといわれる。北畠氏が滅亡してのち、一族の中に成田左衛門和知がおり、秀吉に仕えて戦功があり、その子弥太郎和重は秀吉の側室浅井氏淀殿付きになって淀城に居り、秀吉没後、淀殿の信任厚く奥向きに出入りし、内外の機務を伝達する任にあたっているうちに娘よねが登用されて淀殿の侍女となり、秀頼の側室となり、二児の母になったのであるという」とし、秀頼の側室である成田氏は甲斐姫の実家の武蔵成田氏ではなく、伊勢北畠一族の成田氏であるとしている。

また、『大坂陣山口休庵咄《ばなし》』にも、「国松の母は伊勢から奉公に出ていた女中である」とあり、母の出身が伊勢であるとしている。

このことから、国松、天秀尼二人の母は伊勢北畠一族の成田氏である可能性は高い。

この成田氏が甲斐姫と混同されたことから、あるいは、甲斐姫が天秀尼と関わったという巷説が生まれたのかもしれない。

しかし、甲斐姫伝説、実はここで終わってはいないのである。

秘密にされた出生

さて、大名が正室の他に側室を持つことは当時は普通のことで、そこに子供が生まれたとしても何ら不思議はない。

まして、子供の一人は男子であり、正室に子供ができなかったとしたら、豊臣家存続のための大事な後継者であり、特に大切に育てなければならないことは言うまでもない。

だが、秀頼の子の誕生は当時のどの記録にもまったく見当たらない。

秀頼の側室は確かに子供を産んでいるのに、それは公然の秘密になっていたということになる。おそらく、その情報は秘匿《ひとく》され、外部には一切洩れないようにされた可能性が高い。

しかし、豊臣家はなぜ彼らの出生、そして存在までもそこまで秘密にしなければならなかったのであろうか。

そこには、確かに正室千姫、そしてその実家である徳川家に対する遠慮もあったに違いない。千姫は当時の実質的な天下人徳川家康の孫であり、家康の嫡子で二代将軍秀忠と正室お江与の間に生まれた子である。

秀頼はその正室を差し置いて、側室に先に子供を産ませたわけであり、それが徳川家に知れれば、豊臣家としては体面が保てないと判断したのかもしれない。

そのためか、豊臣家は二人の出生を徹底的に秘密にした。

『大坂陣山口休庵咄』によれば、男子国松は淀殿の実妹初《はつ》の夫である京極高次に預け、京極氏が若狭（福井県）の「とき弥左衛門」の兄弟に後家がいたので、それに国松の身分を明かさず育てさせたとある。

また、江戸時代にまとめられたと思われる『聞書雑話集』という書物によれば、天秀尼はかつての秀吉の重臣であり、岸和田城主であった小出大和守吉英の家臣三宅善兵衛の妻がその乳母をつとめたとされていることから、三宅善兵衛に預けられたことは確かであろう。

つまり、一人は秀頼の母淀殿の実妹初の実家京極氏に、もう一人は信頼する家臣小出吉英に預けたということになる。とすれば、「とき弥左衛門」の兄弟の後家が国松の乳母、三宅善兵衛の妻が天秀尼の乳母ということになる。

豊臣家が二人の出生とその居所を秘密にしたのは、徳川家に対する遠慮だけではなく、いざという時にその血を絶対に絶やさないようにしたのではないか。

事実、『大坂陣山口休庵咄』にも、「国松を後に世に出すつもりで」預けたとある。

国松の悲劇

二人の運命を大きく変えてしまったのは、大坂の陣であった。

『大坂陣山口休庵咄』によれば、「とき弥左衛門」の兄弟の後家に育てられていた国松は、大坂方が兵を挙げたとき大坂城に入ったが、城が陥落すると、守役《もりやく》、乳母と共に脱出したという。

一説には、秀頼の側近であった大野治房に守られ、密かに城を出たともいう。

つまり、国松は八歳にして、初めて大坂城に入り、父秀頼と対面したことになる。しかし、大坂城はそのとき徳川軍との戦闘に入っており、徳川方の攻撃はたゆみなく続けられて、砲弾なども容赦なく打ち込まれていたことであろう。

地を斬り裂くような激しい砲弾の音、鉄砲の銃声、黒煙と火薬の匂い、逃げまどう女たちの悲鳴と怒号、そんな中で国松も不安な日々を送っていたに違いない。

これまでの平穏な日々、自分の意思とは無関係に連れてこられた大坂城での初めての父秀頼、祖母淀殿との対面、しかもそこは戦場で、その真っ只中にぽつんと置かれ、環境の急激な変化になじむ間もなく城は落城し炎上、祖母・父は知らないところで自刃、また何も分からないまま、手を引かれて炎の中から城を脱出。

国松はいったい自分の周りで何が起きているかなど、理解できなかったことであろう。ただ、言われるままにするしかなかったのではなかろうか。

その後の国松について『徳川実紀』はいくつかの説をあげている。一つ目は国松は大野治房に守られ城を出たが、治房が賊に殺され、金を奪われ、一人ぼっちになって、あちこちさまよっていたところを伏見の町人が見つけて食べ物を与え、父の名を聞いたところ「上様」と答えたので、訴え出たというものである。

二つ目は、伏見の農民が橋の下に潜んでいた国松を捕えて訴え出たというもの。同様のことは『駿府記』にも記されている。

三つ目は、落城のとき乳母が抱いて逃げ、京都の町家に隠れていたのを土地の者が怪しんで訴え出たというもの。

四つ目は、国松は吉野の吉永寺に隠れていたというものである。

国松の捕縛については、当時としてもこのようないくつかの話が伝わっていたのであろう。

捕えられた国松は、秀頼直系の嫡子ということで直後に京都六条河原において斬首された。付き添っていた乳母は命だけは助けられたというが、国松の死を前にして精神は錯乱状態であったことだろう。また、国松を救えなかった後悔で自分をいつまでも責め続けたのではなかろうか。

国松の守役であった田中六左衛門は自ら名乗り出、処刑されたという。素知らぬ顔をしていれば、生き延びることなどいくらもできたはずであった。

だが、六左衛門は豊臣家から国松の養育を任された恩義に報いる道を選んだ。何より、愛する国松をたった一人で死なすわけにはいかなかったのであろう。

国松の遺骸は京極龍子が引き取り、自分の生前墓の隣に墓を作ってねんごろに葬ったことは先に述べた。龍子にとって、それは秀吉への報恩感謝であり、実家京極家に国松が預けられたことへの縁《えにし》であり、そして何より、何の罪もなく、秀頼の子というただそれだけの理由で理不尽にも殺されていった幼い子への深い哀悼《あいとう》であったに違いない。

龍子の話がなければあまりにも悲しすぎる事件である。

尼にされた天秀尼

一方の天秀尼も、国松同様の時期に大坂城に連れてこられ、そこで父秀頼、祖母淀殿と初めて対面したものと思われる。七歳のあどけない少女はそこで何を語ったのだろうか。

『聞書雑話集』によれば、天秀尼は大坂落城のとき、乳母が抱えて落ち延びたという。

落城時の逃走は武士といえども大変難しく、自身命を落とす危険も高い。それを天秀尼の乳母がやったということは、この乳母、只者ではない。

合戦において、落ち武者狩りというのは熾烈《しれつ》を極め、そこでは強奪、強姦、殺人何でもありである。

天秀尼像（東慶寺蔵）

まして、女性であれば、金品はもちろん、身ぐるみ剥がされ、裸で逃げ回ることなど当たり前で、強姦され殺されないだけまだましなほうである。

その中で幼い七歳の子を抱えて逃げるなど、よほど豪胆な心の持ち主でない限りできない。また、そこには自分の命をかけてこの子を絶対に守り抜くという強い使命感と深い愛情があったに違いない。

天秀尼の処分については、将軍秀忠の娘で秀頼の正室であった千姫が、自らの養女にすることで天秀尼の助命を行ったこともあり、鎌倉東慶寺に入り尼になるという条件で一命を助けられることになった。

天秀尼はたった七歳にして、その人生が決められてしまったことになる。自分の意思に関係なく、人並みの女性として生きていくことを断念させられることになったのである。恋愛も結婚もしてはならず、常に徳川家の監視付きの一生である。

これで徳川家は、豊臣家の血を絶やすことに成功したといえる。

乳母は本当に三宅善兵衛の妻か？

この後、天秀尼は鎌倉東慶寺で三十年間を過ごし、そこで亡くなるのだが、彼女は寺に一人で入ったのではなく、先述の豪胆で命知らずの乳母も共に寺に入ったようである。天秀尼にとって、この乳母は実の母以上に大切な人だったようで、実際、彼女の一生はこの人物抜きに考えることはできない。

この乳母は寺に入っても、自分は尼になることなく、尼となった天秀尼のそばで彼女に仕え抜いて、天秀尼の死から七か月後に、天秀尼のすべての整理を終えてその後を追うように亡くなっている。

まさに、その一生は天秀尼の影にぴったりと添うような生き方であったが、この乳母のことは今日まで何も伝わっていない。

先にも述べたが、『聞書雑話集』によれば、天秀尼の乳母は三宅善兵衛の妻であるといい、三宅善兵衛は秀吉の家臣で摂津岸和田城主小出家に仕えた武士であると思われる。それは、淀殿が天秀尼を小出家に託し、小出家が三宅善兵衛夫婦にその養育を託したということを意味している。

天秀尼〔右〕とその乳母〔左〕の墓（鎌倉東慶寺）

三宅善兵衛はよほど信頼の厚い人物だったのであろう。だが、三宅善兵衛がどのような人物で、その妻が誰であったかなど、その詳細については何も分からない。

しかし、筆者は天秀尼の乳母が本当に三宅善兵衛の妻であったのかということには、少なからず疑問を持っている。

江戸時代中期の書で家康の生涯を綴った『新東鑑《あずまかがみ》』という書によれば、「乳母の夫三宅善兵衛は（大坂）落城のときに戦死し、乳母は小出大和守吉英に預けられた」とある。

すなわち、乳母である三宅善兵衛の妻は夫が戦死したため、大坂落城後は主家である小出家が引き取ったというのである。とすれば、天秀尼と共に寺に入ることなどできるはずはない。

しかし、鎌倉東慶寺の天秀尼の墓の隣には、間違いなく天秀尼の乳母の墓がある。そこには、「当山天秀和尚御局」と彫られていることから、それは乳母の墓に間違いはない。

筆者は鎌倉東慶寺を訪ねて初めてこの墓を見たとき、いくつかの素朴な疑問を持った。

その一つは、この墓が宝篋印塔《ほうきょういんとう》という立派なものであることであり、これは墓の主がかなり身分の高い人物であったことを示している。

さらに、この墓の主の戒名は「台月院殿明玉宗鑑大姉」と彫られているが、「院殿」というのは女性の墓の中でも身分の高い人にしかつかない戒名で、徳川将軍の側室クラスについている戒名である。

これらのことを考えると、この墓に眠っているのは本当に三宅善兵衛の妻なのであろうかという疑問がどうしても残るのである。

もう一人の乳母

この乳母は燃え盛る大坂城から天秀尼を抱えて脱出した豪胆の人物で、当然、武芸の心得を持っていたと思われる。もしかすると、火事場の馬鹿力で思わぬ力を発揮したかもしれないが、それを差し引いても、男でも難しい脱出を成功させ、さらには天秀尼を千姫に会わせることにも心を砕いた、只者ではない女性である。

先に、天秀尼は千姫の養女になることで命を助けられたと述べたが、千姫自身、合戦で夫と義母を殺されている。大坂城落城直後の精神状態は尋常ではなかったはずである。事実、記録によれば、千姫はしばらく心を患っていたようだ。

そんな千姫に天秀尼を会わせたとて、千姫のほうから「養女にしたい」などと言うとは思えない。千姫にはそこまでの心の余裕があっただろうか？

筆者はここにも乳母の意思を見る。

つまり、乳母は天秀尼の命を救うため、天秀尼を千姫に会わせ、その養女にしてもらうよう嘆願したのではなかろうか。

そうでなければ、千姫ほどの人物の養女になど簡単になれるはずはない。

しかも、その交渉は身分の低い女性になどできることではない。乳母は千姫との橋渡しができるほど身分が高く、かつ千姫にも信頼ある人物であった。そう思われるのである。

筆者はその意味からも、乳母は三宅善兵衛の妻であるとは思えない。

そう考えると、どうしても、もう一人別の乳母が存在したとしか思えないのである。一人は正真正銘、天秀尼に乳を与えた乳母、そしてもう一人は天秀尼付きの乳母、つまり天秀尼の事実上の養育をしていた乳母の存在である。

天秀尼に乳を与えた乳母が三宅善兵衛の妻、そして天秀尼の養育を行ったのはある程度の身分を持ったもう一人の女性であり、彼女は天秀尼を大坂城から脱出させ、千姫と交渉を行い、最後は鎌倉東慶寺に共に入り、天秀尼の影となって一生天秀尼を守ったのではなかろうか？

甲斐姫の夢

それでは、その人物とはいったい誰だったのであろうか？

それほどの人物であったのなら、何かしらの記録が残っていそうなものだが、今にいたるまで、そのようなものはない。

ただ分かることは、天秀尼が心から慕い、尊敬していた、その麗しい関係を周囲の人たちは皆知っていたということである。それは、その女性の墓が天秀尼にぴったりと寄り添い、それを守るように建てられていることからも分かる。

女性は天秀尼の死後、その後を追うように亡くなっているが、そこに墓を建ててくれたのは残された人々である。二人のあまりにも麗しい関係を知っていたがゆえに、その女性の墓を天秀尼のすぐそばに建てたのである。

それら二つ並んだ墓を見るだけで、二人が生前どのような関係にあったかが想像できるというものである。

天秀尼は一面不幸な生い立ちを持った女性であったかもしれない。だが、彼女には常に自分の命をかけて盾になり守ってくれた心やさしい女性がそばにいた。そのような女性とめぐり合うことができただけでも、天秀尼はある意味幸福であったに違いない。

鎌倉東慶寺の御住職井上正道師によれば、その女性の戒名「台月院殿明玉宗鑑大姉」の「明玉」というのは、その人物の生前の様子を表しているという。

いつも明るく玉のように澄んだ心を持ち続けた女性。その存在は一人ぼっちになった幼い天秀尼にとってどれほど心強かったことだろう。

物心ついた天秀尼は父を殺された憎しみ、恋一つできない自分の宿命を思わずにはいられなかったことであろう。あるときは激しく泣き、恨みの言葉を口にし、絶望感すらぶつけたこともあったろう。

しかし、その女性は何があってもそばで天秀尼の話をじっと聞き、あるときはやさしく、あるときは厳しく、実の母以上に真剣に天秀尼と向き合ったに違いない。

天秀尼は三十七年間という短い生涯であったが、最後は東慶寺第二十代住職として、東慶寺中興の名尼僧として名を残すことになった。

筆者はその陰に一人の無名の女性がいたことを忘れてはならないと思う。巷説はこの人物こそが晩年の甲斐姫であると伝える。だが、そこには何らの資史料的な裏付けはなく、甲斐姫であることもないことも否定はできない。

しかし、もし、甲斐姫であったなら、大坂城からの脱出も、千姫との交渉も、そしてあの立派な墓も戒名も、すべて当てはまるような気がする。

追記

甲斐姫の実家であった成田家は、甲斐姫の父の実弟泰親が継いだことは先に述べたが、成田氏は慶長五年（一六〇〇）の関ヶ原合戦において家康につき、上杉の関東乱入に備えた功により、一万七千石を加増され、一度は三万七千石の大名になった。

だが、その三年後、泰親の後を継いだ重長の病死を機に、家督相続をめぐって家中が紛糾し、それを知った幕府により、一万七千石が没収された。

その後、成田氏は大坂の陣にも出陣し、敵の首六人を取る活躍をし、家は安泰かに見えたが、その七年後の元和八年（一六二二）、再び家督相続で家中は二派に分かれて抗争し、それを幕府に咎められて城と領地を没収され、名門成田家は没落、一族は四散することになった。

甲斐姫が身を挺して守った成田家はこうして、二回のお家騒動で滅亡してしまったのであった。

あとがき

今考えれば、「甲斐姫」というテーマで本を書こうというのは無謀な冒険であったと思う。そこには何の資史料もないことが初めから予想され、悪戦苦闘が目に見えていたからである。

それでも、この、困難というか、途方もないテーマに自分を駆り立てたのはやはり、どこかで甲斐姫の存在を証明したいという探求心というか好奇心であったと思う。

著者はこれまでにも「川中島合戦」や「上杉景勝」など史料の乏しいテーマに挑んできた経験から、甲斐姫も何とかなるのではないかと思っていたが、これがとんでもない間違いであった。

どこをいくら探しても、どんな資史料にあたっても、甲斐姫のことなど一行も出てこない。そんな現実が毎日毎日続き、途中でくじけそうになったことが何十回あったかしれない。

また、執筆の途中で大病を患い、入院を余儀なくされ、本の完成も一時危ぶまれたりしたが、幸い大事に至らず療養を続けながら執筆に専念することができた。その間、病院のベッドで本書の執筆を続けたことも今となってはいい思い出である。

著者は熊谷龍淵寺の成田氏の墓前で、また、鎌倉東慶寺の天秀尼とその隣にある乳母の墓前で、この本を必ず完成させると誓っていたが、著者を最後まで支えたのは、あるいはそんな彼らへの思いであったのかもしれない。

著者が甲斐姫を追っていく中で姫に抱いたイメージは、通説にいう美人で文武の道に優れ、明るく快活な女性ではなく、悲しい運命に翻弄されながらも、それに懸命に抗って前へ前へと必死に生き抜こうとする健気な女性である。

そして、それは、最後の章「甲斐姫伝説」で取り上げた秀吉の側室、淀殿や京極龍子の姿そのままであった。

本書を著すにあたり、佐賀野祐子氏そして宮帯出版社の宮本直美氏に最後までお世話になった。また、ご多忙の中、快く取材に応じて下さった鎌倉東慶寺ご住職の井上正道師、貴重な資史料の取り寄せに絶大な協力をいただいたあきる野市図書館、多くのアドバイスと貴重な資料を提供してくれた上遠野充氏、現地調査に同行し、さらには闘病生活を支えてくれた妻、そして家族に、この場を借りて心から深く感謝いたしたい。

平成二十四年九月吉日

三池純正

主な参考文献

一般図書

『千姫真実伝』（中村孝也　国民文化研究会　一九六六年）
『淀殿と秀頼』（中村孝也　国民文化研究会　一九六六年）
『太閤家臣団』（桑田忠親　新人物往来社　一九七一年）
『大坂冬の陣夏の陣』（岡本良一　創元社　一九七二年）
『真田藩政と吾妻郡』（山口武夫　西毛新聞社　一九七四年）
『小田原編年録』（間宮士信　名著出版　一九七五年）
『日本戦史　小田原役』（参謀本部編　村田書店　一九七七年復刻）
『駈込寺東慶寺史』（井上禅定　春秋社　一九八〇年）
『豊太閤の私的生活』（渡辺世祐　桑田忠親校訂　講談社　一九八〇年）
『成田記』（小沼保道著　大澤俊吉訳　歴史図書社　一九八〇年）
『豊臣秀吉のすべて』（桑田忠親編　新人物往来社　一九八一年）
『戦国おんな史談』（桑田忠親　潮出版社　一九八六年）
『太閤豊臣秀吉』（桑田忠親　講談社　一九八六年）
『豊臣秀頼』（籔景三　新人物往来社　一九八七年）
『藩史大事典』（木村礎ほか編　雄山閣出版　一九八九年）
『千姫考』（橋本政次　神戸新聞総合出版センター　一九九〇年）

『小山の伝説』（栃木県小山市郷土文化研究会編著　第一法規出版　一九九二年）
『大坂の役』（旧参謀本部編纂　徳間書店　一九九四年）
『忍城甲斐姫物語』（社団法人　行田青年会議所　一九九四年）
『八王子城主・北条氏照　氏照文書からみた関東の戦国』（下山治久　たましん地域文化財団　一九九四年）
『東慶寺と駆込女』（井上禅定　有隣堂　一九九五年）
『小田原合戦　豊臣秀吉の天下統一』（下山治久　角川書店　一九九六年）
『備中高松城の水攻め』（市川俊介　日本文教出版　一九九六年）
『秀吉が愛した女たち』（別冊歴史読本37号　新人物往来社　一九九六年）
『桃山時代の女性』（桑田忠親　吉川弘文館　一九九六年）
『定本上杉謙信』（池亨・矢田俊文編　高志書院　二〇〇〇年）
『関東管領・上杉一族』（七宮涬三　新人物往来社　二〇〇二年）
「武蔵成田氏について／成田氏長について」（田口新吉　二〇〇二年）
『戦国北条一族』（黒田基樹　新人物往来社　二〇〇五年）
『悲劇のヒーロー　豊臣秀頼』（森田恭二　和泉書院　二〇〇五年）
『忍城成田氏―開館20周年記念』（行田市博物館　二〇〇七年）
『北政所おね　大坂の事は、ことの葉もなし』（田端泰子　ミネルヴァ書房　二〇〇七年）
『淀殿　われ太閤の妻となりて』（福田千鶴　ミネルヴァ書房　二〇〇七年）
『城と隠物の戦国誌』（藤木久志　朝日新聞出版　二〇〇九年）
『真説石田三成の生涯』（白川亨　新人物往来社　二〇〇九年）
『東国の戦国合戦』（市村高男　吉川弘文館　二〇〇九年）

古文書・記録等

『成田記』
『忍城戦記』
『関八州古戦録』
『駿府記』
『新東鑑』
『徳川実紀』
『大坂陣山口休庵咄』
『家忠日記』
『義演准后日記』
『舜旧記』
『聞書雑話集』
『大坂軍記』
『上杉家御年譜』
『重修真書太閤記』
『氏郷記』
『蒲生軍記』
『増補難波戦記』
『大坂陣覚書』
『土屋知貞私記』
『藩翰譜』

地方史等

『埼玉県史』
『行田市史』
『鷲宮町史』
『羽生市史』
『烏山町史』
『行田市譚』
『上越市史』

写真提供

『のぼうの城』フィルムパートナーズ（帯）

行田市郷土博物館（『成田記』）・国立国会図書館ホームページ（北条氏政・氏直花押）・静岡県三島市（山中城 西櫓からの障子堀）・茨城県坂東市（逆井城跡）・長浜城歴史博物館（石田三成像）・栃木県那須烏山市（平群山より那須烏山市内を望む）

山田孝氏　北条氏時代 小田原城大外郭（神奈川県小田原市）

三池純正　現在の忍城本丸跡 御三階櫓を模した櫓（埼玉県行田市）・行田市水城公園 忍城外堀跡・成田家菩提寺 龍淵寺（埼玉県熊谷市）・石田三成が陣を張った丸墓山より忍城を望む・皿尾城跡（埼玉県行田市）・石田堤跡（埼玉県行田市）・福良鶴城 本丸跡（福島県郡山市）・天秀尼とその乳母の墓（鎌倉東慶寺）

〔著者紹介〕

三池純正（みいけ よしまさ）

1951年、福岡県に生まれる。歴史研究家。日本作家クラブ会員。工学院大学工学部卒業。戦国期の歴史の現場を精力的に踏査し、現場からの視点で歴史の定説を見直す作業をすすめている。著書に『真説・川中島合戦』『真説・智謀の一族真田三代』『敗者から見た関ヶ原』『守りの名将・上杉景勝の戦歴』（以上、洋泉社）、『義に生きたもう一人の武将 石田三成』『真田信繁』（以上、宮帯出版社）、『別冊宝島 織田信長・野望編』（共著・宝島社）、DVDに『謀反なり! 石田三成』（GPミュージアムソフト）などがある。

のぼうの姫
——秀吉の妻となった甲斐姫の実像——

2012年10月30日 第1刷発行

著　者　三池純正
発行者　宮下玄覇
発行所　株式会社宮帯出版社
京都本社 〒602-8488
京都市上京区寺之内通下ル真倉町739-1
営業（075）441-7747　編集（075）441-7722
東京支社 〒162-0053
東京都新宿区原町1-20
電話（03）6457-6086
http://www.miyaobi.com
振替口座 00960-7-279886

印刷所 モリモト印刷株式会社
定価はカバーに表示してあります。落丁・乱丁本はお取り替えいたします。

 ISBN978-4-86366-858-4 C0023